¯ bezeichnet einen langen Vokal.
Die fett gedruckten deutschen Bedeutungen sind die Grundbedeutungen; die anderen Bedeutungen benötigst du in bestimmten Textzusammenhängen.

1

sōl *m*	**die Sonne**
ārdēre	(ver)**brennen**; entbrannt sein
silentium *n*	**die Ruhe**, die Stille; das Schweigen
esse	**sein**
vīlla *f*	**das (Land-)Haus**; das Landgut
iacēre	(da)**liegen**
etiam	**auch; sogar**
canis *m*	**der Hund**
tacēre	**schweigen**, still sein
asinus *m*	**der Esel**
nōn iam	**nicht mehr**
clāmāre	**schreien**, rufen
stāre	(da)**stehen**
et	**und; auch**
exspectāre	**warten (auf)**, erwarten
ubī?	**wo?**
cūr?	**warum?**
amīca *f*	**die Freundin**
nōn	**nicht**
venīre	**kommen**
cessāre	**zögern**; sich Zeit lassen
placēre	**gefallen**; Spaß machen
subitō	**plötzlich**
ecce!	**schau!/schau**
quis?/quid?	**wer?/w**

2

ibī	**dort,**
sed	**aber,**
mātrōna *f*	**die** (*ve*
servus *m*/serva *f*	**der Skla** **die Sklavin;** der Diener/die Dienerin

atque/ac	**und, und auch**
appārēre	**erscheinen**, sich zeigen; offensichtlich sein
familia *f*	**die Familie**
gaudēre	**sich freuen**
rīdēre	**lachen**
citō	**schnell**, rasch
appropinquāre	**sich nähern**, näher kommen
iam	**schon**; bereits
procul	**von weitem; in der Ferne**, weit weg
salūtāre	**(be)grüßen**
salvē!/salvēte!	**sei/seid gegrüßt!** hallo!
tum	**da; dann, darauf; damals**
amīcus *m*	**der Freund**
properāre	**eilen; sich beeilen**
timēre	**(sich) fürchten**, Angst haben vor
nunc	**nun**; jetzt
apportāre	**herbeitragen**, (mit)bringen
certē	**sicher, bestimmt**
dōnum *n*	**das Geschenk**; die Gabe
nam	**denn**
equus *m*	**das Pferd**

3

eques *m*	**der Reiter**; der Ritter
statim	**sofort**, auf der Stelle
rogāre, rogō	**fragen; bitten**
unde?	**woher?**
respondēre, respondeō	**antworten**, entgegnen
nūntius *m*	**der Bote; die Botschaft**
dēbēre, dēbeō	(*m. Inf.*) **müssen; verdanken; schulden**
ego/mē	**ich/mich**
audīre, audiō	(an-, er-, zu)**hören**
imperātor *m*	**der Kaiser; der Feldherr**
iubēre, iubeō (*m. Akk.*)	(*jmdm.*) **befehlen,** (*jmdn.*) **beauftragen**
tū/tē	**du/dich**

in (*m. Akk.*)	**in, an, auf**; nach; gegen(über)
īnsula *f*	**die Insel**; der Wohnblock
nāvigāre, nāvigō	**segeln**; mit dem Schiff fahren
valdē	**sehr**
prōvincia *f*	**die Provinz**; der Amtsbereich
administrāre, administrō	**verwalten**
perīculum *n*	**die Gefahr**
vocāre, vocō	**rufen; nennen**
pārēre, pāreō	**gehorchen**; befolgen
parāre, parō	(vor-, zu)**bereiten**; (*m. Inf.*) **vorhaben**
hīc	**hier**
lacrima *f*	**die Träne**
tenēre, teneō	(zurück)**halten**; sich erinnern

4

intrāre, intrō	**eintreten**; (hinein)gehen (in); betreten
homō, hominis *m*	**der Mensch**; der Mann; *Pl. auch* die Leute
sedēre, sedeō	(da)**sitzen**
diū	**lange**, lange Zeit
spectāculum, spectāculī *n*	**das Schauspiel; die Veranstaltung**; die Vorführung
cōnsul, cōnsulis *m*	**der Konsul**
senātor, senātōris *m*	**der Senator**
avus, avī *m*	**der Großvater**
vidēre, videō	**sehen**
avē!	**sei gegrüßt!**
populus, populī *m*	**das Volk; das Publikum**
verbum, verbī *n*	**das Wort**
simulācrum, simulācrī *n*	**das Bild**
deus, deī *m*; *Nom. Pl. auch* dī/dea, deae *f*	**der Gott/ die Göttin**
rēgīna, rēgīnae *f*	**die Königin**
amor, amōris *m*	**die Liebe**
tandem	**endlich, schließlich**
sīgnum, sīgnī *n*	**das Zeichen**; das Merkmal
dare, dō	(von sich) **geben**; gestatten

incitāre, incitō	**antreiben**, anfeuern
ārdor, ārdōris *m*	**die Hitze**; die Begeisterung; das Temperament
clāmor, clāmōris *m*	**der Schrei**, der Ruf; das Geschrei
furor, furōris *m*	**das Toben**; der Wahnsinn; die Raserei
neque	**und . . . nicht; auch . . . nicht; aber . . . nicht**
cōgitāre, cōgitō	**denken** (an); **nachdenken** (über); (*m. Inf.*) beabsichtigen

5

ante (*m. Akk.*)	**vor**
lūdere, lūdō	**spielen**, scherzen
semper	**immer**
pater, patris *m*	**der Vater**
patrōnus, patrōnī *m*	**der Anwalt**, der Verteidiger; **der Schutzherr**
causa, causae *f*	**der Grund; der Prozess,** der Streitfall
dīcere, dīcō	**sagen; sprechen**; nennen
dum (*m. Präs.*)	**während**
epistula, epistulae *f*	**der Brief**
legere, legō	**lesen**; sammeln; auswählen
nox, noctis *f*; *Gen. Pl.* noctium	**die Nacht**
iūdex, iūdicis *m*	**der Richter**
dormīre, dormiō	**schlafen**
invādere, invādō	**eindringen, angreifen**
sūmere, sūmō	**nehmen**
dēcēdere, dēcēdō	**weggehen**, gehen (aus)
accurrere, accurrō	**herbeilaufen**, angelaufen kommen
dominus, dominī *m*/ domina, dominae *f*	**der (Haus-)Herr/ die (Haus-)Herrin**
fūr, fūris *m*	**der Dieb**
quaerere, quaerō	**suchen**; erwerben; **fragen**
reus, reī *m*	**der Angeklagte**
fuga, fugae *f*	**die Flucht**

solēre, soleō	**gewohnt sein,** (*etw.*) normalerweise (*tun*), (*etw. zu tun*) pflegen
ōrātor, ōrātōris *m*	**der Redner**
plaudere, plaudō	**Beifall klatschen**, applaudieren

6

laetus, laeta, laetum	**froh**; fröhlich
ad (*m. Akk.*)	**zu; zu . . . hin; an; bei**
terra, terrae *f*	**die Erde; das Land**
novus, nova, novum	**neu**; neuartig
maestus, maesta, maestum	**traurig**
ventus, ventī *m*	**der Wind**; der Sturm
secundus, secunda, secundum	**der zweite, der folgende; günstig**
nāvis, nāvis *f*; *Gen. Pl.* nāvium	**das Schiff**
nauta, nautae *m*	**der Seemann**; der Matrose
sōlus, sōla, sōlum	**allein**; bloß
māgnus, māgna, māgnum	**groß**(artig); bedeutend
māter, mātris *f*	**die Mutter**
pīrāta, pīrātae *m*	**der Pirat**, der Seeräuber
arma, armōrum *n*	**die Waffen**
abdūcere, abdūcō	**wegführen**; (weg)bringen; verschleppen
fēmina, fēminae *f*	**die Frau**
dēfendere, dēfendō	**verteidigen; abwehren**
ubīque	**überall**
auxilium, auxiliī *n*	**die Hilfe**, die Unterstützung
multī, multae, multa/multum	**viele**; zahlreich/**viel**
pūgnāre, pūgnō	**kämpfen**
superāre, superō	**(be)siegen; übertreffen**
alius, alia, aliud	**ein anderer**
necāre, necō	**töten**
praecipitāre, praecipitō	**stürzen**; stoßen; (sich kopfüber) hinabstürzen

7

cum (*m. Abl.*)	(zusammen) **mit**
in (*m. Abl.*)	**in, an, auf**; während
forum, forī *n*	**das Forum, der Marktplatz**
ambulāre, ambulō	**(spazieren) gehen**
nihil	**nichts**
iūcundus, iūcunda, iūcundum	**angenehm**, erfreulich; **liebenswürdig**
itaque	**deshalb**, daher
voluptās, voluptātis *f*	**das Vergnügen**, der Spaß; die Lust
amāre, amō	**lieben**; verliebt sein
num?	**etwa?**
aqua, aquae *f*	**das Wasser**
currere, currō	**laufen**; eilen
prīmō	**zuerst**, zunächst
manēre, maneō	**bleiben**; erwarten
oculus, oculī *m*	**das Auge**
sine (*m. Abl.*)	**ohne**
mēns, mentis *f*; *Gen. Pl.* mentium	**der Geist**; das Bewusstsein; die Denkweise; das Gemüt
spectāre, spectō	**(an)schauen**; betrachten
medicus, medicī *m*	**der Arzt**
ūnus, ūna, ūnum	**ein; ein einziger**
ē/ex (*m. Abl.*)	(her)**aus**; von (. . . an); entsprechend
nōnne?	**denn nicht? etwa nicht?**
iterum	**wieder**, zum zweiten Mal
-ne? (*angehängt*)	*Fragesignal* (*wird nicht übersetzt*)
portāre, portō	**tragen; bringen**
mortuus, mortua, mortuum	**tot; gestorben**

8

tōtus, tōta, tōtum	**ganz**
urbs, urbis *f*; *Gen. Pl.* urbium	**die Stadt**
prīmus, prīma, prīmum	**der erste**
lūx, lūcis *f*	**das** (Tages-)**Licht**
convenīre, conveniō	**zusammenkommen**; -passen; (*m. Akk.*) **treffen**
spērāre, spērō	(er)**hoffen**; erwarten

expōnere, expōnō	**ausstellen; aussetzen**; darlegen
vōx, vōcis *f*	**die Stimme**; der Laut
emere, emō	**kaufen**
valēre, valeō	**gesund sein; Einfluss haben**
vitium, vitiī *n*	**der Fehler, die schlechte Eigenschaft**
vacāre, vacō (*m. Abl.*)	**frei sein** (*von*), (*etw.*) nicht haben
rōbustus, rōbusta, rōbustum	**kräftig**, stark
exemplum, exemplī *n*	**das Beispiel**
sapientia, sapientiae *f*	**die Weisheit**; der Verstand
nātus, nāta, nātum	**geboren**
ut	**wie**
cūnctī, cūnctae, cūncta	**alle**
aequus, aequa, aequum	**gleich; angemessen**; gerecht
inter (*m. Akk.*)	**zwischen; unter; während**
servitūs, servitūtis *f*	**die Sklaverei**; die Knechtschaft
hodiē	**heute**
bellus, bella, bellum	**hübsch**; schön
dē (*m. Abl.*)	**von; von . . . herab; über;** in Bezug auf
fortūna, fortūnae *f*	**das Schicksal; das Glück**; die Lage

9

quam	**wie; wie sehr**
pulcher, pulchra, pulchrum	**schön**
bene (*Adv.*)	**gut**
agere, agō	**tun; handeln**; aufführen; (*m. Adv. und* cum) umgehen (*m. jmdm.*)
asper, aspera, asperum	**hart; grob**, beleidigend; rau
bonus, bona, bonum	**gut; tüchtig**; gütig
etsī	**auch wenn**, obwohl
dūrus, dūra, dūrum	**hart**; hartherzig
vīta, vītae *f*	**das Leben**
miser, misera, miserum	**elend, unglücklich**, armselig
fīlius, fīliī *m*	**der Sohn**
puer, puerī *m*	**der Junge**
ager, agrī *m*	**der Acker**, das Feld; **das Gebiet**

studēre, studeō (*m. Dat.*)	**sich bemühen** (*um*); **wollen;** sich bilden
quod (*Subjunktion*)	**weil**
cēdere, cēdō	**(weg)gehen; nachgeben**; überlassen
petere, petō	**bitten**, verlangen; **angreifen; aufsuchen**; gehen/fahren nach
victor, victōris *m*	**der Sieger**
pūgna, pūgnae *f*	**der Kampf**
vir, virī *m*	**der Mann**
gladius, gladiī *m*	**das Schwert**
sinister, sinistra, sinistrum	**links**; *Subst.* die linke Hand; die linke Seite
dexter, dext(e)ra, dext(e)rum	**rechts**; *Subst.* die rechte Hand; die rechte Seite
mors, mortis *f*; *Gen. Pl.* mortium	**der Tod**
horrēre, horreō (*m. Akk.*)	**erschrecken** (*vor*), schaudern

10

cēna, cēnae *f*	**das (Abend-)Essen**; die Mahlzeit
labōrāre, labōrō	**arbeiten; sich anstrengen**; leiden
labor, labōris *m*	**die Arbeit; die Anstrengung,** die Mühe; das Leid
impōnere, impōnō	**setzen, stellen, legen** (an, auf, in); bringen; auferlegen
addere, addō	**hinzufügen**
līber, lībera, līberum	**frei**; unabhängig
puella, puellae *f*	**das Mädchen**
dīgnus, dīgna, dīgnum (*m. Abl.*)	(*einer Sache/Person*) **würdig;** angemessen
neque . . . neque	**weder . . . noch**
quondam	**einst**
bárbarus, bárbara, bárbarum	**barbarisch**, wild; *Subst.* **der Barbar,** der Nichtrömer, der Nichtgrieche
mōs, mōris *m*	**die Art; die Sitte**, der Brauch
errāre, errō	(umher)**irren**; (sich) irren
hūmānitās, hūmānitātis *f*	**die Menschlichkeit; die Bildung**

carēre, careō (*m. Abl.*)	**frei sein** (*von etw.*), (*etw.*) **nicht haben**
nēmō; *Dat.* nēminī, *Akk.* nēminem	**niemand**
pūblicus, pūblica, pūblicum	**öffentlich, staatlich**
prīvātus, prīvāta, prīvātum	**persönlich**; privat
statuere, statuō	**beschließen**, entscheiden; **aufstellen**; festsetzen
rēx, rēgis *m*	**der König**
sacrificāre, sacrificō	**opfern**
hūmānus, hūmāna, hūmānum	**menschlich; gebildet**
adhūc	**noch** (immer); **bis jetzt**, bis dahin
putāre, putō	**glauben, meinen;** (*m. doppeltem Akk.*) **halten für**
mūtāre, mūtō	(ver)**ändern**; verwandeln

11

dēsinere, dēsinō, dēsiī	**aufhören**
cum (*Subjunktion*)	**als**; als plötzlich
quamquam	**obwohl**, obgleich
cēterī, cēterae, cētera	**die Übrigen**
servāre, servō, servāvī	**retten**, bewahren
sors, sortis *f*; *Gen. Pl.* sortium	**das Schicksal**, das Los
frāter, frātris *m*	**der Bruder**
īgnōrāre, īgnōrō, īgnōrāvī	**nicht wissen, nicht kennen**
autem (*nachgestellt*)	**aber, (je)doch**
sīc	**so**, auf diese Weise
salūs, salūtis *f*	**die Rettung; das Wohl,** die Gesundheit; (*in Verbindung m.* dīcere) der Gruß
dēspērāre, dēspērō, dēspērāvī	**verzweifeln, die Hoffnung aufgeben**
profectō	**tatsächlich**; auf alle Fälle
negāre, negō, negāvī	**leugnen; ablehnen**, verweigern
mittere, mittō, mīsī	**schicken**; gehen lassen; werfen
trahere, trahō, trāxī	**ziehen**; schleppen
praebēre, praebeō, praebuī	(dar)**reichen**, gewähren

apud (*m. Akk.*)	**bei; in der Nähe von**
enim (*nachgestellt*)	**denn, nämlich**
hospes, hospitis *m*	**der Gast; der Gastgeber**
interrogāre, interrogō, interrogāvī	(be)**fragen**
sī	**wenn; falls**
vīvere, vīvō, vīxī	**leben**
pretium, pretiī *n*	**der Preis**
proinde	**also**; daher

In der Begleitgrammatik, S. 37 f. (Ausgabe A) / 39 f. (Ausgabe N), findest du die Stammformen von Verben aus früheren Lektionen.

12

ā/ab (*m. Abl.*)	**von (. . . her)**, von . . . weg; **seit**
fābula, fābulae *f*	**die Geschichte**, die Erzählung; das Theaterstück
post (*m. Akk.*)	**nach; hinter**
restāre, restō, restitī	**übrig sein**, übrig bleiben; **überleben**
genus, generis *n*	**das Geschlecht; die Art**; die Gattung
mōns, montis *m*; *Gen. Pl.* montium	**der Berg**
flēre, fleō, flēvī	**weinen**; beklagen
terrēre, terreō, terruī	(*jmdn.*) **erschrecken**
per (*m. Akk.*)	**durch (. . . hindurch)**; über . . . hin; mithilfe
ōrāculum, ōrāculī *n*	**das Orakel**, der Götterspruch; die Orakelstätte
dēscendere, dēscendō, dēscendī	**herabsteigen**; hinuntergehen, herabkommen
āra, ārae *f*	**der Altar**
tangere, tangō, tétigī	**berühren**
nūmen, nūminis *n*	**die (göttliche) Macht; die Gottheit**
colere, colō, coluī	**pflegen; verehren; bebauen**
pius, pia, pium	**fromm**; gewissenhaft
precēs, precum *f* (*Pluralwort*)	**die Bitten**; das Gebet
movēre, moveō, mōvī	**bewegen; beeinflussen**

licēre/licet, licuit (*m. Dat.*)	**es ist möglich; es ist erlaubt, (*jmd.*) darf**
ēdere, ēdō, ēdidī	**verkünden; herausgeben**
caput, capitis *n*	**der Kopf**; die Hauptstadt
tergum, tergī *n*	**der Rücken**
corpus, corporis *n*	**der Körper**; der Leib
saxum, saxī *n*	**der Stein; der Fels**(brocken)
vertere, vertō, vertī	**wenden**; drehen; **verwandeln**

In der Begleitgrammatik, S. 40 f. (Ausgabe A) / 42 f. (Ausgabe N), findest du die Stammformen von Verben aus früheren Lektionen.

13

cūra, cūrae *f*	**die Sorge; die Sorgfalt**
sollicitāre, sollicitō, sollicitāvī	**beunruhigen**; aufhetzen, aufwiegeln
tam	**so**
cognōscere, cognōscō, cognōvī	**erfahren; erkennen**; kennen lernen
scrībere, scrībō, scrīpsī	**schreiben**, verfassen
adversus, adversa, adversum	**ungünstig**, widrig; feindlich
quārē?	**weshalb? wodurch?**
nōmen, nōminis *n*	**der Name**; der Begriff
ūnā (cum) (*Adv.*)	**zusammen (mit)**; gemeinsam
mare, maris *n*; *Abl. Sg.* marī, *Nom./Akk. Pl.* maria, *Gen. Pl.* marium	**das Meer**
altus, alta, altum	**hoch; tief**
vīs, *Akk.* vim, *Abl.* vī *f*; *Pl.* vīrēs, vīrium	**die Gewalt; die Kraft; die Menge**; *Pl. auch* **(Streit-)Kräfte**
opprimere, opprimō, oppressī	**unterdrücken; überfallen**, überwältigen
aut	**oder**
deinde	**dann, darauf**; von da an
vendere, vendō, vendidī	**verkaufen**
nōs	*Nom.* **wir**; *Akk.* **uns**
numquam	**niemals**

inhūmānus, inhūmāna, inhūmānum	**unmenschlich**
situs, sita, situm	**gelegen**, befindlich
sustinēre, sustineō, sustinuī	**aushalten**, ertragen
cīvis, cīvis *m/f*; *Gen. Pl.* cīvium	**der/die Bürger(in), der/die Mitbürger(in)**
vōs	*Nom.* **ihr**; *Akk.* **euch**
redūcere, redūcō, redūxī	**zurückführen**; zurückbringen
patria, patriae *f*	**das Vaterland, die Heimat**
valē!/valēte!	**leb/lebt wohl!**

14

tempestās, tempestātis *f*	**der Sturm**; das (schlechte) Wetter
caelum, caelī *n*	**der Himmel**; das Klima
cadere, cadō, cécidī	**fallen**, sinken
hōra, hōrae *f*	**die Stunde**
-que (*angehängt*)	**und**
oppidum, oppidī *n*	**die** (*befestigte*) **Stadt**
iter, itineris *n*	**der Weg; die Reise**; der Marsch
longus, longa, longum	**lang**, weit; lang andauernd
parātus, parāta, parātum	**bereit**
scīre, sciō, scīvī	**wissen, verstehen**
cōnsistere, cōnsistō, cṓnstitī	**stehen bleiben**; sich hinstellen; bestehen (aus)
via, viae *f*	**der Weg, die Straße**
arbor, arboris *f*	**der Baum**
modo	**gerade** (eben); **nur**; (ein)mal
frangere, frangō, frēgī	**(zer)brechen**
offendere, offendō, offendī	**stoßen** (auf); schlagen (an); beleidigen
tollere, tollō, sústulī	**hochheben**; aufheben, **beseitigen**; vernichten
pōnere, pōnō, posuī	**setzen; stellen; legen**
vix	**kaum**
sentīre, sentiō, sēnsī	**fühlen; merken**; meinen
cūrāre, cūrō, cūrāvī (*m. Akk.*)	**sorgen** (*für*), **sich kümmern** (*um*)
aperīre, aperiō, aperuī	**öffnen**; aufdecken
surgere, surgō, surrēxī	**aufstehen**, sich erheben

mox	**bald** (darauf)
haud	**nicht**

15

vester, vestra, vestrum	**euer**
noster, nostra, nostrum	**unser**
gravis, gravis, grave	**schwer**(wiegend), gewichtig; **ernst**
tuus, tua, tuum	**dein**
prō (*m. Abl.*)	**vor; für; anstelle (von)**
sē (*Akk.*), sibī (*Dat.*), sēcum (*Abl.*)	**sich/sich/mit sich, bei sich**
facilis, facilis, facile	**leicht**, mühelos; umgänglich
sē praebēre	**sich zeigen**, sich erweisen (als)
ācer, ācris, ācre	**heftig; hitzig**; hart; scharf
arcessere, arcessō, arcessīvī	**herbeirufen, holen**
brevis, brevis, breve	**kurz**
tempus, temporis *n*	**die Zeit**; der Zeitpunkt
fēlīx; *Gen.* fēlīcis	**glücklich**; vom Glück begünstigt
suus, sua, suum	**sein; ihr**
meus, mea, meum	**mein**
iūdicium, iūdiciī *n*	**das Urteil; das Gericht**, der Gerichtshof
omnis, omnis, omne	**jeder; ganz**; *Pl.* **alle**
fōrma, fōrmae *f*	die Form, **die Gestalt; die Schönheit**
vindicāre, vindicō, vindicāvī	**beanspruchen**
iuvenis, iuvenis *m*	**der junge Mann**
iūdicāre, iūdicō, iūdicāvī	(be)**urteilen**; richten
animus, animī *m*	**das Herz; der Sinn; der Mut**; der Geist
rēgnum, rēgnī *n*	**das (König-)Reich; die Königsherrschaft**
prōmittere, prōmittō, prōmīsī	**versprechen**
mortālis, mortālis, mortāle	**sterblich**

16

nārrāre, nārrō, nārrāvī	**erzählen**, berichten
quaesō	**ich bitte dich; bitte**

dīmittere, dīmittō, dīmīsī	**entlassen, wegschicken**; freilassen
vērus, vēra, vērum	**wahr**, echt
is, ea, id	**er, sie, es**
līberāre, līberō, līberāvī	**befreien**
stultus, stulta, stultum	**dumm**, einfältig; *Subst.* der Dummkopf
difficilis, difficilis, difficile	**schwierig**
item	**ebenfalls**, ebenso
domum	**nach Hause**
cōnsīdere, cōnsīdō, cōnsēdī	**sich setzen**, sich niederlassen
cibus, cibī *m*	**die Speise**; die Nahrung
vīnum, vīnī *n*	**der Wein**
dēlectāre, dēlectō, dēlectāvī	**erfreuen**, Freude machen
focus, focī *m*	**der Herd**
accēdere, accēdō, accessī	**herantreten**; hingehen
fundere, fundō, fūdī	**(aus)gießen**; befeuchten
spargere, spargō, sparsī	**bespritzen**; verbreiten
appellāre, appellō, appellāvī	(*jmdn.*) **anreden**; sich (*an jmdn.*) wenden; (er)**nennen**
libēns; *Gen.* libentis	**gern**; (bereit)willig
vōtum, vōtī *n*	**der Wunsch; das Gelübde**
favēre, faveō, fāvī (*m. Dat.*)	**gewogen sein**; (*jmdn.*) begünstigen
grātia, grātiae *f*	**der Dank**; die Beliebtheit; die Gunst
postrēmō	**schließlich**, zuletzt
flamma, flammae *f*	**die Flamme**, das Feuer

multi: viele cuncti/omnes: alle ceteri: die Übrigen alii: die anderen/andere nostri: die Unsrigen suos (videt/vident): die Seinen/Ihrigen (sieht er/sehen sie) multa: vieles cuncta/omnia: alles cetera: das Übrige

17

comperīre, comperiō, cómperī	**erfahren**, in Erfahrung bringen
uxor, uxōris *f*	**die Ehefrau**, die Gattin
tamen	**dennoch, trotzdem**
ōrāre, ōrō, ōrāvī	**beten; bitten**

perturbāre, perturbō, perturbāvī	(völlig) **verwirren; beunruhigen**
satis	**genug**
quō?	**wohin?**
dūcere, dūcō, dūxī	**führen; ziehen**; (*m. doppeltem Akk.*) halten für
opus, operis *n*	**das Werk**, die Arbeit
monumentum, monumentī *n*	**das Denkmal**
bellum, bellī *n*	**der Krieg**
honōs/honor, honōris *m*	**die Ehre; das Ehrenamt**
exstruere, exstruō, exstrūxī	**errichten**, erbauen
explānāre, explānō, explānāvī	**erklären**
hūc	**hierher**
pōns, pontis *m*; *Gen. Pl.* pontium	**die Brücke**
saepe	**oft**
trādere, trādō, trādidī	**übergeben, überliefern**
crēdere, crēdō, crēdidī	**glauben**; (an)**vertrauen**
ars, artis *f*; *Gen. Pl.* artium	**die Kunst**; die Geschicklichkeit; das Handwerk
ēgregius, ēgregia, ēgregium	**hervorragend**, ausgezeichnet
trēs, trēs, tria	**drei**
annus, annī *m*	**das Jahr**
summus, summa, summum	**der höchste**, der oberste, der äußerste
ingēns; *Gen.* ingentis	**gewaltig**, ungeheuer

18

habēre, habeō, habuī	**haben; halten**
īre, eō, iī	**gehen**
quī, quae, quod	**der, die, das; wer, was**
invitāre, invitō, invitāvī	**einladen**
is, ea, id	**dieser, diese, dieses; der(jenige), die(jenige), das(jenige)**
quandō?	**wann?**
redīre, redeō, rediī	**zurückgehen**, zurückkehren
nisī	**wenn nicht; außer**
cēnāre, cēnō, cēnāvī	**essen**

rēctus, rēcta, rēctum	**gerade**, direkt; **richtig**
trānsīre, trānseō, trānsiī	**hinübergehen**, herüberkommen; **überschreiten**
prohibēre, prohibeō, prohibuī	**abhalten, hindern**
numerus, numerī *m*	**die Zahl**, die Menge
crēscere, crēscō, crēvī	**wachsen**, zunehmen
aliēnus, aliēna, aliēnum	**fremd**
imperium, imperiī *n*	**der Befehl; die Herrschaft; das Reich**
nōndum	**noch nicht**
perīre, pereō, periī	**zugrunde gehen**, umkommen
disserere, disserō, disseruī	**sprechen über**, erörtern
nūllus, nūlla, nūllum	**kein**
cīvitās, cīvitātis *f*	**der Staat; der Stamm; die Gemeinschaft der Bürger**
trāns (*m. Akk.*)	**über (. . . hinüber); jenseits**
sēdēs, sēdis *f*; *Gen. Pl.* sēd(i)um	**der Sitz**; das Siedlungsgebiet, die Heimat
sub (*m. Abl.*)	**unter**
rīpa, rīpae *f*	**das Ufer**
exercēre, exerceō, exercuī	(aus)**üben**; ausbilden

Die Adjektive *alius – unus – solus – totus – nullus* bezeichnen wie ein Pronomen eine Person (sog. **Pronominaladjektive**). Genitiv und Dativ werden wie bei den Pronomina gebildet. Merkspruch: *unus* – einer, *nullus* – keiner, *totus, solus* – ganz, allein.

Doch gemeinsam haben alle *-ius* in dem zweiten Falle
und im Dativ enden sie alle auf ein langes *-i*.

Der Genitiv von *alius* lautet *alter-ius*, der Dativ *ali-i*.

19

velle, volō, voluī	**wollen**
nūptiae, nūptiārum *f* (*Pluralwort*)	**die Heirat**; die Hochzeit
aetās, aetātis *f*	**das Alter; das Zeitalter**
duo, duae, duo	**zwei**
virgō, virginis *f*	**die junge** (*unverheiratete*) **Frau**; die Jungfrau

idōneus, idōnea, idōneum	**geeignet**; fähig
dēstināre, dēstinō, dēstināvī	**bestimmen**; ausersehen
recūsāre, recūsō, recūsāvī	**verweigern; sich weigern**
iūs, iūris *n*	**das Recht**
fīlia, fīliae *f*	**die Tochter**
voluntās, voluntātis *f*	**der Wille; die Absicht**
fortāsse	**vielleicht**
ita	**so**; auf diese Weise
clēmēns; *Gen.* clēmentis	**sanft**(mütig), mild
nescīre, nesciō, nescīvī	**nicht wissen, nicht verstehen**
cum (*Subjunktion*)	(immer) **wenn**
vel	**oder**
litterae, litterārum *f*	**der Brief; die Wissenschaften**; die Literatur; *Sg.* der Buchstabe
cōnsilium, cōnsiliī *n*	**der Rat(schlag); der Plan; der Entschluss; die Absicht**
ūtilis, ūtilis, ūtile	**nützlich; brauchbar**
ostendere, ostendō, ostendī	**zeigen**
simulāre, simulō, simulāvī	**vortäuschen; so tun, als ob**
nōlle, nōlō, nōluī	**nicht wollen**
cēnsēre, cēnseō, cēnsuī	(ein)**schätzen**; der Ansicht sein; (*m. doppeltem Akk.*) **halten für**
laedere, laedō, laesī	**verletzen**; kränken

20

decimus, decima, decimum	**der zehnte**
abīre, abeō, abiī	**(weg)gehen**
adesse, adsum, adfuī/affuī	**anwesend sein**, da sein; (*m. Dat.*) **helfen**
incipere, incipiō, coepī	**anfangen**, beginnen
interesse, intersum, interfuī (*m. Dat.*)	**teilnehmen** (*an etw.*)
quīnque	**fünf**
bibere, bibō, bibī	**trinken**
cōnspicere, cōnspiciō, cōnspexī	**erblicken**
iūxtā (*m. Akk.*)	**neben**
priusquam	**bevor**; (*nach verneintem Satz*) bevor nicht

parentēs, parent(i)um *m*	**die Eltern**
posse, possum, potuī	**können**
poscere, poscō, poposcī	**fordern**, verlangen
cupere, cupiō, cupīvī	**wünschen**, begehren, verlangen
quattuor	**vier**
mēnsis, mēnsis *m*; *Gen. Pl.* mēns(i)um	**der Monat**
lībertās, lībertātis *f*	**die Freiheit**
accipere, accipiō, accēpī	**annehmen**, empfangen; aufnehmen
testis, testis *m*; *Gen. Pl.* testium	**der Zeuge**
capere, capiō, cēpī	(ein)**nehmen, erobern**; (er)**fassen**, (er)greifen
collocāre, collocō, collocāvī	**(auf-, hin)stellen**, (hin-)setzen, legen
decem	**zehn**
abesse, absum, āfuī	**abwesend sein**, fehlen; entfernt sein
dubitāre, dubitō, dubitāvī	**zögern; zweifeln**
aspicere, aspiciō, aspexī	**anblicken**, ansehen

21

sacerdōs, sacerdōtis *m/f*	**der/die Priester(in)**
prūdentia, prūdentiae *f*	**die Klugheit; die Vorsicht**
lītus, lītoris *n*	**der Strand**
rēs, reī *f*	**die Sache; das Ereignis**
hostis, hostis *m*; *Gen. Pl.* hostium	**der Feind**
relinquere, relinquō, relīquī	**zurücklassen, verlassen**
spēs, speī *f*	**die Hoffnung**, die Erwartung
dolus, dolī *m*	**die List**
fraus, fraudis *f*; *Gen. Pl.* fraud(i)um	**der Betrug, die Täuschung**
fidēs, fideī *f*	**das Vertrauen; der Glaube; die Treue**
aut . . . aut	**entweder . . . oder**
latēre	**verborgen sein**
īnstāre, īnstō, īnstitī	**drohen, bevorstehen**
sententia, sententiae *f*	**die Meinung, die Ansicht**
probāre	**gutheißen, billigen**

persuādēre, persuādeō, persuāsī (*m. Dat.*)	(*m. AcI*) (*jmdn.*) **überzeugen;** (*jmdn.*) **überreden**
contendere, contendō, contendī	**sich anstrengen; eilen; kämpfen; behaupten**
corripere, corripiō, corripuī	**(an)packen; an sich reißen**
dēficere, dēficiō, dēfēcī	**verlassen; ausgehen**
postquam (*m. Perf.*)	**nachdem**
discēdere, discēdō, discessī	**weggehen, verschwinden**
timor, timōris *m*	**die Angst, die Furcht**
incertus, incerta, incertum	**unsicher, ungewiss;** unschlüssig
auctōritās, auctōritātis *f*	**das Ansehen; der Einfluss**
aedificāre	**bauen**
īra, īrae *f*	**der Zorn, die Wut**
ob (*m. Akk.*)	**wegen**
mūrus, mūrī *m*	**die Mauer**

ÜV

Vorschläge zur Übersetzung einiger im Lektionstext auftretender Wendungen und Sätze

Spes me tenet ...	Ich habe die Hoffnung ...
fidem habere	Vertrauen haben
signum eius rei	ein Zeichen dafür
iram movere	den Zorn erregen

22

inquit	**sagt/sagte (er, sie)**
accidere, áccidit, áccidit	**sich ereignen, zustoßen**
mulier, mulíeris *f*	**die Frau**
blandus, blanda, blandum	**schmeichlerisch**
porta, portae *f*	**das Tor, die Tür**
īnsidiae, īnsidiārum *f* (*Pluralwort*)	**der Hinterhalt, die Falle; der Anschlag**
metuere, metuō, metuī	**sich fürchten; befürchten**
socius, sociī *m*	**der Gefährte; der Verbündete**
ubī (*Subjunktion; m. Perf.*)	**sobald**
hic, haec, hoc	**dieser, diese, dieses**
occurrere, occurrō, occurrī	**entgegenkommen, begegnen**
locus, locī *m*	**der Ort**
salvus, salva, salvum	**wohlbehalten, gesund**

incolumis, incolumis, incolume	**unversehrt, heil**
remedium, remediī *n*	**das Heilmittel**
ēvādere, ēvādō, ēvāsī (*m. Akk./ex*)	**entkommen, entgehen**
forās	**hinaus, heraus, nach draußen**
hinc	**von hier**
stringere, stringō, strīnxī	**ziehen**; streifen
pēs, pedis *m*	**der Fuß**
prōicere, prōiciō, prōiēcī	**(nieder-, vor)werfen**
modus, modī *m*	**die Art, die Weise; das Maß**
sinere, sinō, sīvī	**(zu)lassen, erlauben**
praeter (*m. Akk.*)	**außer**
quī?	**wie?**
iūrāre	**schwören**
nocēre	**schaden**
reddere, reddō, reddidī	**zurückgeben; machen zu**

ÜV

non ... nisi	nur
vis remedii	die Wirkung des Heilmittels
amore ardere	schrecklich verliebt sein

23

Eine Übersicht über die vollständigen Stammformen aller in Lektion 1–22 gelernten Verben findest du in der Begleitgrammatik auf den Seiten 146–149 (Ausgabe A) / 148–151 (Ausgabe N).

monēre	**erinnern; mahnen, auffordern**
dux, ducis *m/f*	**der/die Führer(in); der Feldherr**
respicere, respiciō, respexī, respectum	**denken an, berücksichtigen**
gēns, gentis *f*; *Gen. Pl.* gentium	**das Volk; das Geschlecht**
fātum, fātī *n*	**das Schicksal**
orbis, orbis *m*; *Gen. Pl.* orbium	**der (Erd-)Kreis**
regere, regō, rēxī, rēctum	**(be)herrschen**
cōgere, cōgō, coēgī, coāctum	**sammeln; zwingen**
classis, classis *f*; *Gen. Pl.* classium	**die Flotte**

dolor, dolōris *m*	**der Schmerz; die Trauer**
cupiditās, cupiditātis *f*	**der Wunsch, das Verlangen**
posteā	**später; nachher**
docēre, doceō, docuī, doctum	**unterrichten; lehren**
cōnstituere, cōnstituō, cōnstituī, cōnstitūtum	**beschließen; festsetzen**
adīre, adeō, adiī, aditum	**hingehen; herantreten**; ansprechen
fugere, fugiō, fūgī, –	**fliehen**
crūdēlis, crūdēlis, crūdēle	**grausam**
tantus, tanta, tantum	**so groß, so viel**
nefās *n* (*nur Nom./Akk. Sg.*)	**der Frevel, das Verbrechen**
quidem	**allerdings; zwar**
vehemēns; *Gen.* vehementis	**heftig**
vītāre	**(ver)meiden**
dēcipere, dēcipiō, dēcēpī, dēceptum	**täuschen**
et . . . et	**sowohl . . . als auch; einerseits . . . andererseits**
incendere, incendō, incendī, incēnsum	**anzünden**; entflammen, in Aufregung versetzen
(meā, tuā, ...) sponte	**freiwillig, aus eigenem Antrieb**
mandāre	**auftragen**; übergeben, **anvertrauen**
facere, faciō, fēcī, factum	**machen**

ÜV

monere de	erinnern an
Animo perturbatus est.	Er geriet in Verwirrung.
Eum cupiditas fugae invadit.	Er möchte nur noch fliehen.
fidem dare	ein Versprechen geben

24

loca, locōrum *n* (*Pluralwort*)	**die Gegend**
condere, condō, condidī, conditum	**gründen**; aufbewahren; bestatten
invenīre, inveniō, invēnī, inventum	**(er)finden**
moenia, moenium *n* (*Pluralwort*)	**die (Stadt-)Mauer**
studium, studiī *n*	**der Eifer, die Bemühung**

occupātus, occupāta, occupātum (in *m. Abl.*)	**beschäftigt** (*m. etw.*)
uter, utra, utrum?; *Gen.* utrīus, *Dat.* utrī	**wer?** (*von zwei Personen*)
certāre	**streiten; wetteifern**, kämpfen
cōnsentīre, cōnsentiō, cōnsēnsī, cōnsēnsum	**übereinstimmen**
uterque, utraque, utrumque; *Gen.* utrīusque, *Dat.* utrīque	**jeder** (*von zwei Personen*), **beide**
alter, altera, alterum; *Gen.* alterīus, *Dat.* alterī	**der eine; der andere** (*von zwei Personen*)
quoniam	**da . . . ja, wo . . . doch**
(*m. Dat.*) opus est (*m. Abl.*)	**es ist nötig; (*jmd.*) braucht (*etw.*)**
ambō	**beide**
prior; *Gen.* priōris	**der erste; der frühere**
paulō	**(ein) wenig**
post (*Adv.*)	**später; danach**
avis, avis *f*; *Gen. Pl.* avium	**der Vogel**
mōmentum, mōmentī *n*	**die Entscheidung; die Wichtigkeit**
commovēre, commoveō, commōvī, commōtum	**erregen**; bewegen, **veranlassen**
irrīdēre, irrīdeō, irrīsī, irrīsum	**verspotten**
quemadmodum	**wie, auf welche Weise**
parvus, parva, parvum	**klein**
circumdare, circumdō, circumdedī, circumdatum	**umgeben; umzingeln**
audācia, audāciae *f*	**die Frechheit; die Kühnheit**
īrātus, īrāta, īrātum	**zornig, wütend**
interficere, interficiō, interfēcī, interfectum	**töten**
obtinēre, obtineō, obtinuī, obtentum	**erlangen**; **behaupten**

ÜV

Inter nos non convenit.	Es gibt zwischen uns keine Einigung.
momentum facere	die Entscheidung bringen

25

superbus, superba, superbum	**hochmütig**, stolz
imperāre	**befehlen; herrschen**
plēbs, plēbis *f*	**das** (*einfache*) **Volk**
patrēs, patrum *m*	**die Patrizier; die Senatoren**
mūnus, mūneris *n*	**das Amt, die Aufgabe; das Geschenk**
inimīcus, inimīca, inimīcum	**feindlich**; *Subst.* **der Feind**
prīnceps, prīncipis *m*	**der Angesehenste, der führende Mann, der Herrscher**
nepōs, nepōtis *m*	**der Enkel; der Neffe**
parcere, parcō, pepercī, – (*m. Dat.*)	(*jmdn.*) **schonen**
quia	**weil**
iniūria, iniūriae *f*	**das Unrecht**; die Gewalttat; **die Ungerechtigkeit**
perspicere, perspiciō, perspexī, perspectum	**erkennen**, genau sehen, durchschauen
tūtus, tūta, tūtum	**sicher, geschützt**
diēs, diēī *m*	**der Tag**
terribilis, terribilis, terribile	**schrecklich**
cōnsulere, cōnsulō, cōnsuluī, cōnsultum	(*m. Akk.*) **um Rat fragen, befragen;** (*m. Dat.*) **sorgen für**
comes, comitis *m/f*	**der/die Begleiter(in)**
gaudium, gaudiī *n*	**die Freude**
afficere, afficiō, affēcī, affectum (*m. Abl.*)	**versehen (*m. etw.*)**
eō (*Adv.*)	**dorthin**
mandātum, mandātī *n*	**der Auftrag**
perficere, perficiō, perfēcī, perfectum	**ausführen; vollenden**
aliquandō	**irgendwann (einmal); einst**
fīnīre	**(be)enden**
agitāre	**(an)treiben**
ōs, ōris *n*	**der Mund; das Gesicht**
mollis, mollis, molle	**freundlich; weich, angenehm**
pellere, pellō, pépulī, pulsum	**schlagen, stoßen; vertreiben**

ÜV

prohibitus a muneribus	ferngehalten von den Ämtern
timore motus	aus Furcht
principes civitatis	die führenden Männer im Staat
gaudio affectus	von Freude erfüllt
summum imperium	die Oberherrschaft, die Entscheidungsgewalt

26

arx, arcis *f*; *Gen. Pl.* arcium	**die Burg**
expūgnāre	**erobern, erstürmen**
nātūra, nātūrae *f*	**die Beschaffenheit, die Natur; das Wesen**
tot (*indekl.*)	**so viele**
vigilia, vigiliae *f*	**die Nachtwache**
dīligēns; *Gen.* dīligentis	**gewissenhaft, sorgfältig**
custōdīre	**bewachen**
angustus, angusta, angustum	**eng; schwierig**
paucī, paucae, pauca	**(nur) wenige**
mūnīre	**befestigen**
somnus, somnī *m*	**der Schlaf**
prīvāre (*m. Abl.*)	(*einer Sache*) **berauben,** (*um etw.*) **bringen**
succēdere, succēdō, successī, successum	anrücken (gegen); **(nach)folgen,** nachrücken
animadvertere, animadvertō, animadvertī, animadversum (in *m. Akk.*)	**bemerken**, entdecken; vorgehen (*gegen jmdn.*)
temptāre	prüfen, **versuchen; angreifen**
ascendere, ascendō, ascendī, ascēnsum	**hinaufsteigen, -klettern**
pervenīre, perveniō, pervēnī, perventum	**hinkommen**, ankommen; (hin)gelangen
immō	**ja sogar; im Gegenteil**
fallere, fallō, fefellī, –	**täuschen, betrügen**
sacer, sacra, sacrum	**heilig, geweiht**
inōpia, inōpiae *f*	**der Mangel**
excitāre	(auf)**wecken**; erregen; **ermuntern**
fortis, fortis, forte	**tapfer**, mutig; **kräftig**

rapere, rapiō, rapuī, raptum	**(an sich, weg)reißen; rauben**
ruere, ruō, ruī, –	(*auf jmdn.*) **losstürzen, zustürmen**
oppūgnāre	**angreifen; bestürmen**
līberī, līberōrum *m* (*Pluralwort*)	**die Kinder**
aciēs, aciēī *f*	der/**das** (*kampfbereite*) Trupp/**Heer**; die Schlachtordnung

natura loci	die Lage des Ortes
viam temptare	den Weg erkunden
in summum pervenire	ganz oben ankommen
in summa inopia cibi	trotz größter Hungersnot

27

ille, illa, illud	**jener, jene, jenes (berühmte/ berüchtigte); der, die, das zuerst genannte**
exercitus, exercitūs *m*	**das Heer**
praeesse, praesum, praefuī (*m. Dat.*)	**an der Spitze** (*von etw.*) **stehen,** (*etw.*) **leiten**
impetus, impetūs *m*	**der Angriff; der Schwung**
(sē) recipere, recipiō, recēpī, receptum	**aufnehmen; zurücknehmen; (sich zurückziehen)**
commūnis, commūnis, commūne	**gemeinsam; allgemein**
incendium, incendiī *n*	**der Brand, das Feuer**
dēlēre, dēleō, dēlēvī, dēlētum	**zerstören, vernichten**
metus, metūs *m*	**die Angst, die Furcht**
resistere, resistō, restitī, –	**Widerstand leisten**
pār; *Gen.* paris	**ebenbürtig; gleich**
ūniversus, ūniversa, ūniversum	**ganz, gesamt;** *Pl.* **(alle) zusammen**
intellegere, intellegō, intellēxī, intellēctum	**verstehen; erkennen, einsehen**
sīgnificāre	**bezeichnen; anzeigen**
opportūnus, opportūna, opportūnum	**günstig; geeignet**
medius, media, medium	**der mittlere; in der Mitte (von)**
nūntiāre	**melden**
adversārius, adversāriī *m*	**der Gegner; der Feind**

singulus, singula, singulum	**jeweils einer; jeder einzeln(e)**
sīn	**wenn aber**
vincere, vincō, vīcī, victum	**(be)siegen**; übertreffen
committere, committō, commīsī, commissum	**veranstalten; zustande bringen; anvertrauen**
proelium, proeliī *n*	**der Kampf, die Schlacht**
inīquus, inīqua, inīquum	**ungünstig; ungerecht; ungleich**
victōria, victōriae *f*	**der Sieg**
parere, pariō, peperī, partum	**erwerben**; gewinnen; **hervorbringen**
multitūdō, multitūdinis *f*	**die große Anzahl, die Menge**
clādēs, clādis *f*; *Gen. Pl.* clādium	**die Niederlage; der Verlust**

ÜV

classem constituere	die Flotte in Stellung bringen
spem ponere (in *m. Abl.*)	die Hoffnung setzen (*auf*)
Conflixit loco sibi iniquo.	Er kämpfte an einem für ihn ungünstigen Ort.
victoriam parere	einen Sieg erringen

28

ÜV

obscūrus, obscūra, obscūrum	(ziemlich) **dunkel**, finster
cernere, cernō, –, –	**erkennen**; sehen
lūmen, lūminis *n*	**das Licht; das Auge(nlicht)**
parcus, parca, parcum	**spärlich; sparsam**
interdum	**manchmal, bisweilen**
aurum, aurī *n*	**das Gold**
māgnitūdō, māgnitūdinis *f*	**die Größe**
manus, manūs *f*	**die Hand; die Schar**
quī, quae, quod?	**welcher, welche, welches?**
aedis, aedis *f*; *Gen. Pl.* aedium	**der Tempel**; *Pl. auch* das Haus
at	**aber, (je)doch; dagegen**
avāritia, avāritiae *f*	**die Gier**, die Habsucht; **der Geiz**
senātus, senātūs *m*	**der Senat; die Senatsversammlung**
ēripere, ēripiō, ēripuī, ēreptum	**entreißen**
arcēre, arceō, arcuī, –	**abwehren, fernhalten**
necesse est	**es ist notwendig**
trāicere, trāiciō, trāiēcī, trāiectum	**hinüberbringen, *über*setzen**

contrā (*m. Akk.*)	**gegen**
fīnis, fīnis *m*; *Gen. Pl.* fīnium	**das Ende; die Grenze**; der Zweck; *Pl.* **das Gebiet**
īnstituere, īnstituō, īnstituī, īnstitūtum	**beginnen**; einrichten; **unterrichten**
castra, castrōrum *n* (*Pluralwort*)	**das Lager**
dīgnitās, dīgnitātis *f*	**die Würde; das Ansehen**
neglegere, neglegō, neglēxī, neglēctum	**nicht (be)achten; vernachlässigen**
mīles, mīlitis *m*	**der Soldat**
postulāre	**fordern**
addūcere, addūcō, addūxī, adductum	**heranführen; veranlassen**
amīcitia, amīcitiae *f*	**die Freundschaft**
odium, odiī *n*	**der Hass**

ÜV

obscura luce	im düsteren Licht
avaritia ardens	in unersättlicher Habgier
Vere dixisti.	Du hast Recht.
ardentibus oculis	mit funkelnden Augen

29

frequēns; *Gen.* frequentis	**zahlreich; häufig**
ut (*m. Konj.*)	**dass, damit; sodass**
obsecrāre	**anflehen, bitten**
nē (*m. Konj.*)	**dass/damit nicht**
marītus, marītī *m*	**der Ehemann**
(sē) abstinēre, abstineō, abstinuī, –	**sich enthalten**
adiungere, adiungō, adiūnxī, adiūnctum	anschließen; **hinzufügen**
perniciēs, perniciēī *f*	**die Vernichtung; das Verderben**
āvertere, āvertō, āvertī, āversum	**abwenden; vertreiben**
brevī (*Adv.*)	**bald darauf, nach kurzer Zeit**
agmen, agminis *n*	**der (Heeres-)Zug**, die Schar
dēdūcere, dēdūcō, dēdūxī, dēductum	**abbringen; wegführen**; hinführen

familiāris, familiāris, familiāre	**vertraut, freundschaftlich**; *Subst.* **der Freund**
coniūnx, coniugis *f/m*	**die (Ehe-)Frau/der (Ehe-)Mann**
utrum	*dir. Frage: unübersetzt; indir. Frage* **ob**
an	**oder (etwa)**
num	*indir. Frage* **ob**
captīvus, captīva, captīvum	**gefangen**; *Subst.* **der/die Kriegsgefangene**
senectūs, senectūtis *f*	**das Alter**
īnfēlīx; *Gen.* īnfēlīcis	**unglücklich**
gignere, gignō, genuī, genitum	**(er)zeugen, hervorbringen**
alere, alō, aluī, altum	**ernähren**; großziehen
vāstāre	**verwüsten**
cōnspectus, cōnspectūs *m*	**der Anblick**
intrā (*m. Akk.*)	**innerhalb**
domus, domūs *f*	**das Haus** (*in der Stadt*)
pergere, pergō, perrēxī, perrēctum	**weitermachen**, (*etw.*) weiter (*tun*)
dēnique	**schließlich, zuletzt**

A

ÜV

Spes est in . . .	Die Hoffnung ruht auf . . .
se armis abstinere	keine Waffen einsetzen
De consilio deductus est.	Er ließ sich von seinem Plan abbringen.
in conspectu esse	in Sichtweite sein
animum filii frangere	den Sohn umstimmen

30

quantus, quanta, quantum	**wie groß; was für ein**
ante (*Adv.*)	**vorher**
scelus, sceleris *n*	**das Verbrechen**
volvere, volvō, volvī, volūtum	**rollen**, wälzen; **überlegen**
iste, ista, istud; *Gen.* istīus, *Dat.* istī	**dieser, diese, dieses (da); der, die, das (da); dein, euer**
coniūrātiō, coniūrātiōnis *f*	**die Verschwörung**
cottīdiē	**täglich**, Tag für Tag
interitus, interitūs *m*	**der Untergang**

patēre, pateō, patuī, –	**offenstehen**; klar sein; sich erstrecken
proximus, proxima, proximum	**der nächste; der letzte**
convocāre	**zusammenrufen; versammeln**
inīre, ineō, iniī, initum	**(hin)eingehen; beginnen**
ratiō, ratiōnis *f*	**die Art und Weise; die Vernunft; der (*vernünftige*) Grund**
cum (*m. Konj.*)	**als, nachdem**; da, **weil; obwohl**
dīligentia, dīligentiae *f*	**die Gewissenhaftigkeit, die Sorgfalt**
lectus, lectī *m*	**das Bett; das Liegesofa**
audēre, audeō	**wagen**
id agere, ut	sich dafür einsetzen/ **alles darauf anlegen, dass**
quiēscere, quiēscō, quiēvī, –	(aus)**ruhen**; schlafen
cōnsultum, cōnsultī *n*	**der Beschluss**
concēdere, concēdō, concessī, concessum	**erlauben, zugestehen, einräumen**
supplicium, suppliciī *n*	**die Hinrichtung; die (Todes-)Strafe**
tantum (*Adv.*)	**nur**
praesidium, praesidiī *n*	**der Schutz**; *Pl.* **die Schutztruppe**
obsidēre, obsideō, obsēdī, obsessum	**belagern; bedrängen**
auris, auris *f*; *Gen. Pl.* aurium	**das Ohr**
circumvenīre, circumveniō, circumvēnī, circumventum	**umzingeln, umringen**
praesentia, praesentiae *f*	**die Gegenwart**

ÜV

scelus in animo volvere	ein Verbrechen planen
consilium inire	einen Plan fassen
ea ratione	auf diese Art und Weise
multa nocte	tief in der Nacht
supplicio affici	hingerichtet werden

31

adventus, adventūs *m*	**die Ankunft**
mīrus, mīra, mīrum	**wunderbar; erstaunlich**
custōs, custōdis *m/f*	**der/die Wächter(in), die Wache**

N

prōtinus	**sofort**
num	*indir. Frage* **ob**
omnīnō	**überhaupt; insgesamt**
aditus, aditūs *m*	**der Zugang; der Zutritt**
claudere, claudō, clausī, clausum	(ab-, ein)**schließen**
suscipere, suscipiō, suscēpī, susceptum	**unternehmen**; sich (*einer Sache*) annehmen; **auf sich nehmen**
occultus, occulta, occultum	**heimlich, geheim**; verborgen
tālis, tālis, tāle	**derartig, (ein) solcher; so beschaffen**
dēlīberāre	**überlegen**
exīre, exeō, exiī, –	**hinausgehen**
comprehendere, comprehendō, comprehendī, comprehēnsum	**ergreifen**, festnehmen; **begreifen**
onus, oneris *n*	**die Last**
affirmāre	**behaupten, versichern**
umerus, umerī *m*	der Oberarm; **die Schulter**
mora, morae *f*	**die Verzögerung; der Aufenthalt**
dēpōnere, dēpōnō, dēposuī, dēpositum	**niederlegen; aufgeben**
repente	**plötzlich, unerwartet**
clārus, clāra, clārum	**hell, klar; berühmt**
admīrātiō, admīrātiōnis *f*	**die Bewunderung**, die Begeisterung
incēdere, incēdō, incessī, incessum	**befallen; einhergehen**
circumstāre, circumstō, circumstetī, –	**um . . . herum stehen**
quantopere	**wie sehr**
rumpere, rumpō, rūpī, ruptum	**(zer)brechen**
prius	**zuerst; früher**
libīdō, libīdinis *f*	**das** (*heftige*) **Verlangen**, die Lust; **die Willkür**
accendere, accendō, accendī, accēnsum	**in Brand setzen**; entflammen, aufregen

ÜV

dubitare, num . . .	zweifeln, ob . . .
sine mora	ohne zu zögern, sofort
libidine mulieris accensus	weil er die Frau begehrt(e)

32

nōbilis, nōbilis, nōbile	**berühmt**; vornehm; **adlig**
dīligere, dīligō, dīlēxī, dīlēctum	**schätzen, lieben**
prōpōnere, prōpōnō, prōposuī, prōpositum	**in Aussicht stellen; vorschlagen**
ferē	beinahe, **fast; ungefähr**
celer, celeris, celere	**schnell**
beātus, beāta, beātum	**glücklich; reich**
morbus, morbī *m*	**die Krankheit**
strēnuus, strēnua, strēnuum	**kräftig; entschlossen**, munter
ergō	**also**
aliter	**sonst; anders**
praeceps; *Gen.* praecipitis	schnell, **überstürzt; steil**
adhibēre	**anwenden; hinzuziehen**
contentus, contenta, contentum	**zufrieden**
interim	**inzwischen**
perterrēre	einschüchtern; **heftig erschrecken**
cavēre, caveō, cāvī, cautum (*m. Akk.*)	**sich hüten (*vor*); Acht geben (*auf*)**
compōnere, compōnō, composuī, compositum	**zusammenstellen**, ordnen; **verfassen**; vergleichen
mīlle (*indekl.*); *Pl.* mīlia, mīlium (*m. Gen.*)	**tausend**
corrumpere, corrumpō, corrūpī, corruptum	**bestechen; verderben**
praetereā	**außerdem**
soror, sorōris *f*	**die Schwester**
occidere, óccidō, óccidī, –	**untergehen; umkommen**
occāsiō, occāsiōnis *f*	**die Gelegenheit**
praetermittere, praetermittō, praetermīsī, praetermissum	**verstreichen lassen**
pōculum, pōculī *n*	**der Becher**
vultus, vultūs *m*	**das Gesicht, der Gesichtsausdruck**
exīstimāre	**meinen; schätzen**
dēprehendere, dēprehendō, dēprehendī, dēprehēnsum	**entdecken; ergreifen**; überraschen

ÜV

Spem ei proponit.	Er macht ihm Hoffnung.
insidias componere	einen Anschlag planen
oculos avertere	seinen Blick abwenden

33

īgnōscere, īgnōscō, īgnōvī, īgnōtum	**verzeihen**
quiēs, quiētis *f*	**die Ruhe, die Erholung**
interrumpere, interrumpō, interrūpī, interruptum	**unterbrechen**
tribūnus, tribūnī *m*	**der (Militär-)Tribun**
afferre, afferō, attulī, allātum	**(herbei)bringen; melden**
differre, differō, distulī, dīlātum	**aufschieben**, verschieben; **sich unterscheiden**
malus, mala, malum	**schlecht, schlimm**
ferre, ferō, tulī, lātum	**bringen, tragen; ertragen**; berichten
pars, partis *f*; *Gen. Pl.* partium	**der Teil; die Seite, die Richtung**
terror, terrōris *m*	**der Schrecken**; die Schreckensnachricht
referre, referō, rettulī, relātum	**(zurück)bringen; berichten**
pācāre	**unterwerfen**
lēgātus, lēgātī *m*	**der Gesandte**
pāx, pācis *f*	**der Frieden**
oportēre/oportet, oportuit	**es ist nötig, es gehört sich**; man darf
nimius, nimia, nimium	**zu groß, übermäßig**
nōnnūllī, nōnnūllae, nōnnūlla	**einige, manche**
iūstitia, iūstitiae *f*	**die Gerechtigkeit**
laus, laudis *f*	**das Lob; der Ruhm**
efferre, efferō, extulī, ēlātum	**heraustragen; herausheben**; hervorbringen
suspīciō, suspīciōnis *f*	**der Argwohn, der Verdacht**
perferre, perferō, pertulī, perlātum	**ertragen; (über)bringen**
legiō, legiōnis *f*	**die Legion**
caedere, caedō, cecīdī, caesum	**niederschlagen; töten**
tendere, tendō, tetendī, tentum	**(aus)strecken; spannen**; sich anstrengen

calamitās, calamitātis *f*	**das Unglück; der Verlust;** die Niederlage
adeō (*Adv.*)	**so sehr**
ferunt	**man berichtet**

Res tanti momenti est.	Die Sache ist so wichtig.
fidem ferre	Vertrauen entgegenbringen
blandis laudibus efferre	mit schmeichlerischen Worten loben
iter facere	marschieren
insidias intrare	in die Falle tappen

34

virtūs, virtūtis *f*	**die Tüchtigkeit; die Tapferkeit;** die Tugend; *Pl. auch* **gute Eigenschaften**
praestāre, praestō, praestitī, –	(*m. Dat.*) **übertreffen;** (*m. Akk.*) **leisten**; zeigen
nimis	**zu; zu sehr**
(sē) gerere, gerō, gessī, gestum	(aus)**führen; tragen;** (sich benehmen)
ingenium, ingeniī *n*	**die Begabung**; der Charakter
ūsus, ūsūs *m*	**der Gebrauch, der Nutzen;** die Erfahrung
cōpia, cōpiae *f*	**der Vorrat; die Menge;** *Pl. auch* **die Truppen**
accūsāre	**anklagen**, beschuldigen
damnāre	**verurteilen**
profugere, profugiō, profūgī, –	Zuflucht suchen, **sich flüchten**
opera, operae *f*	die Arbeit; **die Tätigkeit; die Mühe**
offerre, offerō, obtulī, oblātum	**entgegenbringen; anbieten**
tribuere, tribuō, tribuī, tribūtum	**zuteilen**; schenken; **erweisen**
invidia, invidiae *f*	**der Neid**; der Hass
permovēre, permoveō, permōvī, permōtum	**beunruhigen; veranlassen**
dēserere, dēserō, dēseruī, dēsertum	**im Stich lassen, verlassen**

(sē) cōnferre, cōnferō, contulī, collātum	**zusammentragen, -bringen;** -fassen; (sich begeben)
portus, portūs *m*	**der Hafen**
appellere, appellō, áppulī, appulsum	**herantreiben**, heranbringen; *Pass.* **landen**
vīsere, vīsō, –, –	**besichtigen; besuchen**
turba, turbae *f*	**die** (Menschen-)**Menge; das Durcheinander**
tamquam	**wie; wie wenn, als ob**
dōnāre	**(be)schenken**
alacritās, alacritātis *f*	**die Fröhlichkeit**; der Eifer
nūper	**vor kurzem; neulich**
varius, varia, varium	**verschieden(artig); wankelmütig**
vulgus, vulgī *n*	**das Volk**
mōbilis, mōbilis, mōbile	**beweglich; unbeständig**

ÜV

iterum atque iterum	immer wieder
secum cogitare	bei sich denken

35

rēgius, rēgia, rēgium	**königlich**
versus, versūs *m*	**der Vers**
recitāre	**vortragen, vorlesen**
fenestra, fenestrae *f*	**das Fenster**
dēspicere, dēspiciō, dēspexī, dēspectum	**(auf etw.) herabblicken; verachten**
aspectus, aspectūs *m*	**der Anblick**
vetus; *Gen.* veteris, *Abl. Sg.* vetere, *Nom. Pl. n* vetera, *Gen. Pl.* veterum	**alt**; ehemalig; erfahren
aedificium, aedificiī *n*	**das Gebäude**, das Bauwerk
vīcus, vīcī *m*	**die Gasse; das (Stadt-)Viertel; das Dorf**
vīvus, vīva, vīvum	**lebendig; zu Lebzeiten**
saevīre, saeviō, –, saevītum	**wüten, toben**
īgnis, īgnis *m*; *Gen. Pl.* īgnium	**das Feuer, der Brand**

turris, turris *f*; *Akk. Sg.* turrim, *Abl. Sg.* turrī, *Gen. Pl.* turrium	**der Turm**
pulchritūdō, pulchritūdinis *f*	**die Schönheit**
canere, canō, cecinī, cantātum	**(be)singen**
premere, premō, pressī, pressum	**(unter)drücken; bedrängen**
necessārius, necessāria, necessārium	**notwendig**
sēditiō, sēditiōnis *f*	**der Aufruhr, der Aufstand**
suādēre, suādeō, suāsī, suāsum	**raten, zureden**
hortus, hortī *m*	**der Garten**
frūmentum, frūmentī *n*	**das Getreide**
minuere, minuō, minuī, minūtum	vermindern, **verringern**; schmälern
simul	**gleichzeitig, zugleich**
aureus, aurea, aureum	**golden, aus Gold**
fāma, fāmae *f*	**das Gerücht; der Ruf**
auctor, auctōris *m*	**der (Be-)Gründer; der Anstifter,** der Veranlasser; **der Verfasser**
crīmen, crīminis *n*	**der Vorwurf; das Verbrechen**
poena, poenae *f*	**die Strafe**

ÜV

paucis diebus post	wenige Tage später
Seditio movetur.	Ein Aufruhr bricht aus.
qua de causa	deshalb, daher
poenis afficere	bestrafen

36

adulēscēns, adulēscentis *m*; *Gen. Pl.* adulēscentium	**der junge Mann**
potentia, potentiae *f*	**die Macht; die Herrschaft**
invītus, invīta, invītum	**unwillig, gegen den Willen**
ipse, ipsa, ipsum	**selbst, persönlich**; gerade; schon
ultrō	**darüber hinaus**, noch dazu; **von sich aus**
dīvitiae, dīvitiārum *f* (*Pluralwort*)	**der Reichtum**
abundāre (*m. Abl.*)	(*etw.*) **im Überfluss haben**
vās, vāsis *n*; *Pl.* vāsa, vāsōrum	**das Gefäß**

tabula, tabulae *f*	das Gemälde; **die Tafel**; die Aufzeichnung
praeclārus, praeclāra, praeclārum	herrlich, **ausgezeichnet; sehr bekannt**
flōrēre, flōreō, flōruī, –	**blühen**; hervorragend sein
custōdia, custōdiae *f*	**die Bewachung; die Wachen**
causā (*m. Gen; nachgestellt*)	**wegen; um . . . zu**
circum (*m. Akk.*)	**um . . . herum, ringsum**
sermō, sermōnis *m*	**das Gespräch; das Gerede; die Sprache**
ops, opis *f*	**die Hilfe**; die Kraft; *Pl.* **die Macht, der Einfluss**; der Reichtum
memorāre	**erwähnen**; sagen
laudāre	**preisen; loben**
igitur	**also, folglich**
mēnsa, mēnsae *f*	**der Tisch**, die Tafel
porrigere, porrigō, porrēxī, porrēctum	**ausstrecken**; ausbreiten, ausdehnen
super (*m. Akk./Abl.*)	**über; oben auf**
collum, collī *n*	**der Hals**
impendēre, impendeō, –, –	**hängen über; drohen**
īnferre, īnferō, intulī, illātum	**hineintragen; zufügen**
fīgere, fīgō, fīxī, fīxum	(an)**heften, befestigen**; auf etw. richten
dēmōnstrāre	**darlegen, beweisen; zeigen**
quālis, quālis, quāle	**wie (beschaffen), was für ein**

ÜV

eo invito	gegen seinen (~ dessen) Willen
vitam agere	sein Leben verbringen
Iubet eum collocari.	Er lässt ihn Platz nehmen.
terrorem inferre	einen Schrecken einjagen
nihil aliud nisi	nichts anderes als

37

sānctus, sāncta, sānctum	**ehrwürdig, heilig**
lātus, lāta, lātum	**breit, weit**
imprīmīs	**besonders**, insbesondere
māximus, māxima, māximum	**der größte, sehr groß**

ōrnāre	**schmücken**, ausstatten
subīre, subeō, subiī, subitum	**auf sich nehmen, herangehen**
umquam	**jemals**
memoria, memoriae *f*	**die Erinnerung; das Gedächtnis;** die Zeit
lūdus, lūdī *m*	**das Spiel; die Schule**
discere, discō, didicī, –	**lernen**; in Erfahrung bringen
liber, librī *m*	**das Buch**
beneficium, beneficiī *n*	**die Wohltat**
efficere, efficiō, effēcī, effectum	**bewirken, erreichen**
optimus, optima, optimum	**der beste; sehr gut**
ūnusquisque	**jeder Einzelne**
quam	*nach Komparativ* **als;** *vor Superlativ* **möglichst**
melior, melior, melius	**besser**
carmen, carminis *n*	**das Gedicht, das Lied**
celebrāre	**rühmen**, verherrlichen; **feiern**
pecūnia, pecūniae *f*	**das Geld**, das Vermögen
plūrimī, plūrimae, plūrima	**die meisten, sehr viele**
undique	**von überall her**
iuventūs, iuventūtis *f*	**die Jugend**
lēx, lēgis *f*	**das Gesetz**; die Bedingung
dum	**solange**; (solange) **bis**

ÜV

Ea res memoriam meam fugit.	Ich vergesse dieses Ereignis.
satis apparet	es ist völlig klar
bellum gerere	Krieg führen
acerrime studere	sich gewaltig anstrengen
meliorem se praebere Hercule	Herkules übertreffen

38

sepulcrum, sepulcrī *n*	**das Grab**
quīn?	**warum nicht?**
contemplārī, contemplor, contemplātus sum	(aus der Nähe genau) **betrachten**
opinārī, opinor, opinātus sum	**meinen**, vermuten
fatērī, fateor, fassus sum	**gestehen**, bekennen

ēiusmodī (*indekl.*)	**derartig**
glōria, glōriae *f*	**der Ruhm, die Ehre**
mōlīrī, mōlior, mōlītus sum	**errichten**, bauen; **planen**, unternehmen
propter (*m. Akk.*)	**wegen**
āmittere, āmittō, āmīsī, āmissum	**verlieren**
hortārī, hortor, hortātus sum	**auffordern; ermuntern**; ermahnen
cāsus, cāsūs *m*	**der Fall**, der Zufall; das Unglück, **der Schicksalsschlag**
experīrī, experior, expertus sum	erfahren; erleiden; **versuchen, erproben**
saeculum, saeculī *n*	**das Jahrhundert**; die Welt
māiōrēs, māiōrum *m* (*Pluralwort*)	**die Vorfahren**
frūstrā	**vergeblich**
cōnārī, cōnor, cōnātus sum	**versuchen**
quoque (*nachgestellt*)	**auch**
potīrī, potior, potītus sum (*m. Abl.*)	(*etw.*) **in seine Gewalt bringen,** sich (*einer Sache*) bemächtigen
admīrārī, admīror, admīrātus sum	**bewundern**
morārī, moror, morātus sum	**verzögern**, aufhalten; **sich aufhalten**
indicāre	**anzeigen**, melden
verērī, vereor, veritus sum	**fürchten; verehren**
prōtegere, prōtegō, prōtēxī, prōtēctum	**schützen**
sanguis, sanguinis *m*	**das Blut**

ÜV

in summo monumento	oben auf dem Denkmal
magnam gloriam parere	großen Ruhm erwerben
dono dare	zum Geschenk machen
Res fortunam habet.	Die Sache geht gut aus/hat Erfolg.
tormenta omnis generis	Geschütze jeder Art

39

sapiēns; *Gen.* sapientis	**weise**; vernünftig
ūtī, ūtor, ūsus sum (*m. Abl.*)	(*etw.*) **benutzen, gebrauchen**

contingere, contingō, cóntigī, contāctum	**gelingen; berühren**
innocēns; *Gen.* innocentis	**unschuldig**
supplex; *Gen.* supplicis	**bittend, flehend**
magister, magistrī *m*	**der Lehrer**
vidētur/videntur (*m. Inf.*)	**er, sie, es scheint/sie scheinen** (*etw. zu tun*)
ōrātiō, ōrātiōnis *f*	**die Rede**
dīcitur/dīcuntur (*m. Inf.*)	**man sagt, dass er, sie/sie** (*etw. tut/tun*); **er, sie soll/sie sollen** (*etw. tun*)
aestimāre	(ein)**schätzen**
merēre	**verdienen**
loquī, loquor, locūtus sum	**reden, sprechen**
amplus, ampla, amplum	**groß**(artig); **bedeutend**; angesehen
praemium, praemiī *n*	**die Belohnung**, die Auszeichnung
māximē	**am meisten, besonders**
certus, certa, certum	**sicher**, gewiss; **bestimmt**; zuverlässig
iūstus, iūsta, iūstum	**gerecht**; **gebührend**, richtig
proficīscī, proficīscor, profectus sum	**aufbrechen, (ab)reisen**; abstammen
īrāscī, īrāscor, – (*m. Dat.*)	**zornig sein** (*auf jmdn.*); in Zorn geraten
morī, morior, mortuus sum	**sterben**
arbitrārī, arbitror, arbitrātus sum	**glauben, meinen**
sequī, sequor, secūtus sum (*m. Akk.*)	*(jmdm.)* **folgen**
suprēmus, suprēma, suprēmum	**der letzte; der höchste**; der oberste
patī, patior, passus sum	**(er)leiden**, ertragen; **zulassen**, geschehen lassen
nocēns; *Gen.* nocentis	**schuldig**; schädlich

ÜV

honore dignus	einer Ehre würdig
aequo animo	mit Gleichmut, gelassen
pro certo habere	für sicher halten

40

vērō	**aber**; wirklich
augēre, augeō, auxī, auctum	**vergrößern, vermehren**
exstinguere, exstinguō, exstīnxī, exstīnctum	**auslöschen**, vernichten
ruīna, ruīnae *f*	**der Einsturz**, der Sturz, der Fall
ēgredī, ēgredior, ēgressus sum	**hinausgehen, verlassen**
campus, campī *m*	der freie Platz; **das Feld**
ērumpere, ērumpō, ērūpī, ēruptum	**ausbrechen**, hervorbrechen
cinis, cineris *m*	**die Asche**
tegere, tegō, tēxī, tēctum	**bedecken**; schützen
facultās, facultātis *f*	**die Möglichkeit**, die Gelegenheit
impellere, impellō, ímpulī, impulsum	**(an)stoßen; veranlassen**
quasi	(*Adv.*) **gewissermaßen;** (*m. Konj.*) **als ob**
repellere, repellō, réppulī, repulsum	**zurückstoßen**; vertreiben; abweisen
nē . . . quidem	**nicht einmal**
āter, ātra, ātrum	**schwarz**, düster
paulātim	**allmählich**
dēnsus, dēnsa, dēnsum	**dicht** (gedrängt)
cupidus, cupida, cupidum (*m. Gen.*)	**bestrebt; (be)gierig** (*nach*)
prōcēdere, prōcēdō, prōcessī, prōcessum	**vorrücken, vorankommen**
potestās, potestātis *f*	**die Möglichkeit**; die (Amts-)Gewalt; **die Macht**
precārī, precor, –	**flehen, bitten**
propior, propior, propius (*m. Dat.*)	**näher** (*einer Sache*)
rūrsus	**wieder**
reliquus, reliqua, reliquum	**übrig; künftig**
cōnsūmere, cōnsūmō, cōnsūmpsī, cōnsūmptum	**verbrauchen**, verwenden; zubringen

in altum efferre	in die Höhe schleudern
bene moriar	ich werde beruhigt sterben
non ... nisi una	nur gemeinsam
magis magisque	immer mehr
mortem precari	den Tod für sich erflehen

41

negōtium, negōtiī *n*	**die Aufgabe, das Geschäft**; die Angelegenheit
īnfēstus, īnfēsta, īnfēstum	**feindlich**, bedrohlich
līs, lītis *f*; *Gen. Pl.* lītium	**der (Rechts-)Streit**
aequor, aequoris *n*	**das Meer**; die Ebene, die Fläche
pessimus, pessima, pessimum	**der schlechteste, der schlimmste**
improbus, improba, improbum	**unanständig**; schlecht, böse
quīcumque, quaecumque, quodcumque	wer auch immer; **jeder, der/alles, was**
inesse, īnsum, īnfuī	**enthalten sein**; vorhanden sein
fingere, fingō, fīnxī, fictum	**formen**, gestalten; **erdichten**, sich ausdenken
optāre	**wünschen**
āiō/ait	**ich sage**, behaupte/**er, sie sagt**, behauptet
tūtārī, tūtor, tūtātus sum	**beschützen**, in Schutz nehmen
īnspicere, īnspiciō, īnspexī, īnspectum (*m. Akk.*)	**hineinschauen** (*in etw.*)
utinam (*m. Konj.*)	**hoffentlich; wenn doch (bloß)**
perdere, perdō, perdidī, perditum	**vernichten; verlieren**
indīgnārī, indīgnor, indīgnātus sum	**entrüstet sein**
quisquis/quidquid	**jeder, der/alles, was**
solvere, solvō, solvī, solūtum	(auf)**lösen; bezahlen**
cūnctārī, cūnctor, cūnctātus sum	**zögern**
īnfāns, īnfantis *m*; *Gen. Pl.* īnfantium	**das kleine Kind**

cārus, cāra, cārum	**lieb, teuer**
īnspērātus, īnspērāta, īnspērātum	**unverhofft**
dulcis, dulcis, dulce	**süß; angenehm**, lieb(lich)
complectī, complector, complexus sum	**umarmen**; umfassen, erfassen
pietās, pietātis *f*	**die Frömmigkeit; das Pflichtgefühl**

ÜV

bona cum Venere	mit Venus' Hilfe
Quid negotii est?	Worum geht's?
litem facere	streiten
ex pietate vestra	wegen eurer gegenseitigen Zuneigung

42

dēdere, dēdō, dēdidī, dēditum	**ausliefern, übergeben**
omittere, omittō, omīsī, omissum	**außer Acht lassen**; unterlassen, aufgeben
turpis, turpis, turpe	**schändlich; hässlich**
falsus, falsa, falsum (*Adv.* falsō)	**falsch**
dēditiō, dēditiōnis *f*	**die Übergabe**, die Kapitulation
nōmināre	**nennen**
diūtius	**länger**
cōnfīdere, cōnfīdō, cōnfīsus sum	**vertrauen**
propinquus, propinqua, propinquum	nahe, **benachbart**; *Subst.* **der Verwandte**
crās	**morgen**
fierī, fīō, factus sum	**geschehen, werden; gemacht werden**
advenīre, adveniō, advēnī, adventum	**ankommen**
obsidiō, obsidiōnis *f*	**die Belagerung**
similis, similis, simile	**ähnlich**
tolerāre	**ertragen**; fristen
imitārī, imitor, imitātus sum	**nachahmen**
plēnus, plēna, plēnum	**voll**

excēdere, excēdō, excessī, excessum	**hinausgehen**, weggehen
revertī, revertor, revertī, reversus	**zurückkehren**
aeternus, aeterna, aeternum	**ewig**
iniungere, iniungō, iniūnxī, iniūnctum	auferlegen; **einfügen**, anfügen
condiciō, condiciōnis *f*	**die Bedingung; die Lage**
regiō, regiōnis *f*	**das Gebiet, die Gegend**
nātiō, nātiōnis *f*	**das Volk, der** (Volks-)**Stamm**
perpetuus, perpetua, perpetuum	dauerhaft, **ewig**

ÜV

Mihi res est cum his, . . .	Ich setze mich mit denen auseinander, . . .
se morti offerre	sich dem Tod ausliefern
obsidionem solvere	den Belagerungsring sprengen/ die Belagerung beenden

43

decēre/decet, decuit (*m. Akk.*)	**(etw.) ist angemessen** (*für*), passt (*zu*); (etw.) schickt sich (*für*)
plērīque, plēraeque, plēraque	**die meisten, sehr viele**
immānis, immānis, immāne	**unmenschlich; riesig**
aliquis, aliquid	**irgendjemand, -etwas**
aliquī, aliqua, aliquod	**irgendein(e)**
opiniō, opiniōnis *f*	**die Meinung**, die Ansicht; das Vorurteil
humilis, humilis, humile	**niedrig** (gestellt); unterwürfig, demütig
cūria, cūriae *f*	**die Kurie** (*Sitzungsgebäude des Senats*)
coniungere, coniungō, coniūnxī, coniūnctum	**vereinigen, verbinden;** (ver)knüpfen
domī	**zu Hause**
īdem, eadem, idem	**derselbe**, der gleiche
repetere, repetō, repetīvī, repetītum	**wiederholen; zurückverlangen**
mīlitia, mīlitiae *f*	**der Militärdienst**

gradus, gradūs *m*	**der Rang; die Stufe**; der Schritt
cōnsequī, cōnsequor, cōnsecūtus sum	**erreichen; nachfolgen**
pāstor, pāstōris *m*	**der Hirte**
contemnere, contemnō, contempsī, contemptum	**verachten**
servīre, serviō, –, –	**Sklave sein, dienen**
commūnicāre	**gemeinsam haben, teilen**
orīrī, orior, ortus sum	**entstehen**; sich erheben
fruī, fruor, – (*m. Abl.*)	(*etw.*) **genießen**, sich (*an etw.*) erfreuen
spīrāre	(aus)**atmen**; verbreiten
praeceptum, praeceptī *n*	**die Vorschrift**, die Regel; **die Lehre**
cōnfirmāre	**bekräftigen**; stärken, **ermutigen**
īnferior, īnferior, īnferius	**geringer**, schwächer, unter (jmdm.) stehend
superior, superior, superius	**höher stehend, überlegen**; früher

ÜV

cognoscere ex ...	erfahren von ...
familiariter uti servis	vertraut umgehen mit den Sklaven
sermonem communicare cum servis	Sklaven am Gespräch teilhaben lassen
memoriam repetere	sich ins Gedächtnis zurückrufen

44

complūrēs, complūrēs, complūra; *Gen.* complūrium	**einige; ziemlich viele**
quīdam, quaedam, quoddam	**ein (gewisser)**; *Pl.* **einige**, etliche
excipere, excipiō, excēpī, exceptum	**aufnehmen**, -fangen; eine Ausnahme machen
crūs, crūris *n*	**das** (Schien-)**Bein**; der Unterschenkel
prūdēns; *Gen.* prūdentis	**klug**; sachverständig
aggredī, aggredior, aggressus sum	(*an jmdn.*) herantreten; **angreifen**, überfallen

culpa, culpae *f*	**die Schuld**, das Verschulden
officium, officiī *n*	**der Dienst; die Pflicht**
dēesse, dēsum, dēfuī	**fehlen**
cōnficere, cōnficiō, cōnfēcī, cōnfectum	**beenden, erledigen**
damnum, damnī *n*	**der Schaden, der Verlust**
explēre, expleō, explēvī, explētum	(**aus-**, an-, **er)füllen**; wiedergutmachen
iactāre	**schleudern**; rühmen
vulnus, vulneris *n*	**die Wunde**
senex, senis *m*	**der alte Mann**, der Greis
dīves; *Gen.* dīvitis, *Abl. Sg.* dīvite, *Nom. Pl. n* dīvita, *Gen. Pl.* dīvitum	**reich**
dolēre, doleō, doluī, –	**schmerzen; bedauern**
praeterīre, praetereō, praeteriī, praeteritum	**vorbeigehen**, vergehen
nocturnus, nocturna, nocturnum	**nächtlich**
persequī, persequor, persecūtus sum	**verfolgen**
retinēre, retineō, retinuī, retentum	behalten, festhalten, **zurückhalten**
verberāre	**schlagen**
effodere, effodiō, effōdī, effossum	ausstechen; **ausgraben**
rērī, reor, ratus sum	**meinen**
posterus, postera, posterum	(nach)**folgend**

ÜV

officia praestare	seine Aufgaben erfüllen
damno affici	geschädigt werden
fugae se dare	die Flucht ergreifen

45

(sē) continēre, contineō, continuī, –	**halten, festhalten**; enthalten; (sich aufhalten)
extrā (*m. Akk.*)	**außerhalb**; über . . . hinaus

effugere, effugiō, effūgī, –	**entfliehen; vermeiden**
fīdus, fīda, fīdum	**treu**, treu ergeben
plūs, plūris	**mehr**
propius (*Adv.*)	**näher**
adversus (*m. Akk.*)	**gegen; gegenüber**
recreāre	**wiederherstellen**
forte	**zufällig**
crux, crucis *f*	**das Kreuz**
fulgēre, fulgeō, fulsī, –	**glänzen**, leuchten
armātus, armāta, armātum	**bewaffnet**
ferrum, ferrī *n*	**das Eisen**; die Waffe
trānsgredī, trānsgredior, trānsgressus sum	**hinübergehen; überschreiten**
frōns, frontis *f*; *Gen. Pl.* frontium	**die Stirn**; die Vorderseite; **die Front**
concurrere, concurrō, concurrī, concursum	**zusammenlaufen**, zusammentreffen, zusammenstoßen
velut	**wie, wie zum Beispiel**
rēs pūblica, reī pūblicae *f*	**der Staat**
reperīre, reperiō, répperī, repertum	**finden, wieder finden**
indūcere, indūcō, indūxī, inductum	**(hin)einführen; verleiten**
fugāre	**in die Flucht schlagen**
flūmen, flūminis *n*	**der Fluss**
laetitia, laetitiae *f*	**die Freude**
religiō, religiōnis *f*	**die (Gottes-)Verehrung; der Glaube**; der Aberglaube
quisque	**(ein) jeder**

ÜV

eo ipso die	an genau diesem Tag
quieti se dare	sich ausruhen

46

īnstitūtum, īnstitūtī *n*	**die Anweisung**; der Grundsatz; **die Einrichtung**
pectus, pectoris *n*	**die Brust; das Herz**

coniugium, coniugiī *n*	**die Ehe**
iungere, iungō, iūnxī, iūnctum	**verbinden**, vereinigen
commodum, commodī *n*	**der Vorteil**, der Nutzen; die Bequemlichkeit
dīvīnus, dīvīna, dīvīnum	**göttlich**
obses, obsidis *m/f*	**die Geisel**
sōlum (*Adv.*)	**nur**
probus, proba, probum	**anständig, rechtschaffen**
facinus, facinoris *n*	**die Tat; die Untat**
antīquus, antīqua, antīquum	**alt, ehrwürdig**
interīre, intereō, interiī, –	**zugrunde gehen**, untergehen; (ver)schwinden
cōnstat	**es steht fest, es ist bekannt**
concordia, concordiae *f*	**die Eintracht**
inde	**von da an; von dort**; daher
ūsque ad (*m. Akk.*)	**bis zu**
restituere, restituō, restituī, restitūtum	**wiederherstellen**
cōnservāre	retten, **erhalten**; einhalten
foedus, foederis *n*	**das Bündnis, der Vertrag**
honestus, honesta, honestum	**anständig**; angesehen, **ehrenhaft**

ÜV

imperium servare salvum	das Reich erhalten
summe studere (*m. Dat.*)	sich mit größtem Eifer bemühen (*um etw.*)
in regnum succedere	auf dem Königsthron nachfolgen

47

grātus, grāta, grātum	**dankbar; willkommen**; beliebt
vēr, vēris *n*	**der Frühling**
trīstis, trīstis, trīste	**traurig**; unfreundlich
aestās, aestātis *f*	**der Sommer**; die Hitze
hiems, hiemis *f*	**der Winter**; das Unwetter
saevitia, saevitiae *f*	**die Härte**, die Strenge
nix, nivis *f*; *Gen. Pl.* nivium	**der Schnee**
tellūs, tellūris *f*	**die Erde**, der Erdboden
glōriārī, glōrior, glōriātus sum	**sich rühmen**; prahlen

laetārī, laetor, laetātus sum	**sich freuen**, fröhlich sein
iussū	**auf Befehl**, unter dem Befehl
molestus, molesta, molestum	**beschwerlich; lästig**
humus, humī *f*	**der (Erd-)Boden**
atrōx; *Gen.* atrōcis	**schrecklich**; wütend
tener, tenera, tenerum	jung, **zart; zärtlich**

ÜV Nemini parcetur. Niemand wird verschont bleiben.

48

prope (*Adv.*)	nahe, **in der Nähe; beinahe**
lacus, lacūs *m*	**der See**
speciēs, speciēī *f*	der Anblick, **das Aussehen; der Schein**
āēr, āeris *m*	**die Luft**; die untere Luftschicht
paene	**fast, beinahe**
tunc	**da; damals**, zu dem Zeitpunkt; dann
argentum, argentī *n*	**das Silber**; das Geld
complēre, compleō, complēvī, complētum	**anfüllen; erfüllen**; vollenden
vestis, vestis *f*	**die Kleidung, das Kleidungsstück**
pariter	**zugleich**, gemeinsam; ebenso
iuvāre, iuvō, iūvī, iūtum (*m. Akk.*)	**helfen**, unterstützen; erfreuen
audāx; *Gen.* audācis	**kühn**; unverschämt; skrupellos
vulnerāre	**verwunden**
sīcut	**(so) wie**
occīdere, occīdō, occīdī, occīsum	**niederschlagen; töten**
praecipere, praecipiō, praecēpī, praeceptum	(be)**lehren; vorschreiben**, anordnen
fluere, fluō, flūxī, –	**fließen**, strömen
fōns, fontis *m*; *Gen. Pl.* fontium	**die Quelle**; der Ursprung
sanāre	**heilen**

pauper; *Gen.* pauperis, *Abl. Sg.* paupere, *Nom. Pl. n* paupera, *Gen. Pl.* pauperum	**arm**

ÜV

filia sorte deprehensa est	das Los fiel auf die Tochter
credere in Christum	an Christus glauben

49

prīmum (*Adv.*)	**zuerst; zum ersten Mal**
bonum, bonī *n*	**das Gut(e)**; *Pl. auch* das Hab und Gut, **der Besitz**
malum, malī *n*	das Übel; **Schlimmes**; das Unglück
vehere, vehō, vēxī, vectum	**fahren**; tragen; ziehen
disciplīna, disciplīnae *f*	**die Lehre, die Wissenschaft**; die Ordnung, die Disziplin
contrā (*Adv.*)	**dagegen**, andererseits; **gegenüber**
frūctus, frūctūs *m*	**die Frucht**; der Ertrag, der Nutzen
potius/potissimum	**eher, lieber**/gerade, **hauptsächlich**
exitus, exitūs *m*	**der Ausgang**; das Ende; **der Tod**
prosper, prospera, prosperum	**günstig; glücklich**
fiscus, fiscī *m*	**die (Staats-)Kasse**; der Korb
spoliāre	**(be)rauben; plündern**
reliquiae, reliquiārum *f* (*Pluralwort*)	**die (Über-)Reste**; die Trümmer
inclūdere, inclūdō, inclūsī, inclūsum	**einschließen**; versperren, unterbinden
commercium, commerciī *n*	**der Handel**; der Verkehr
parum	**(zu) wenig**
remittere, remittō, remīsī, remissum	**zurückschicken**; los-, nachlassen; verzeihen
ulcīscī, ulcīscor, ultus sum (*m. Akk.*)	(*etw./jmdn.*) **rächen; sich rächen** (*an jmdm.*)
fīnitimus, fīnitima, fīnitimum	**benachbart**; *Subst.* **der** (Grenz-)**Nachbar**
paul(ul)um	**ein** (klein) **wenig**

ÜV rationem (*m. Gen.*) inire	(*etw.*) abwägen
bellum conficere	einen Krieg beenden
maiestati aliquid decedit	von dem Ansehen geht etw. verloren

50

trīgintā	**dreißig**
habitāre	**(be)wohnen**
conciliāre	**gewinnen**; vermitteln
ergā (*m. Akk.*)	**gegen; gegenüber**; für
timidus, timida, timidum	**ängstlich**; scheu
admodum	**sehr**, überaus
simplex; *Gen.* simplicis	**aufrichtig**, offen; **einfach**
līberālis, līberālis, līberāle	**großzügig**, freigebig
nōvisse, nōvī, –	**kennen, verstehen**
quamvīs (*m. Konj.*)	**auch wenn**
versārī, versor, versātus sum	**sich aufhalten**, leben; **sich beschäftigen**
quamobrem	**weswegen; deswegen**
benevolentia, benevolentiae *f*	**das Wohlwollen**
incrēdibilis, incrēdibilis, incrēdibile	**unglaublich**
lingua, linguae *f*	**die Sprache**; die Zunge
cor, cordis *n*	**das Herz**
scīlicet (*Adv.*)	**selbstverständlich, natürlich**
pollicērī, polliceor, pollicitus sum	**versprechen**
invictus, invicta, invictum	**unbesiegbar; unbesiegt**
exigere, exigō, exēgī, exāctum	(ein)**fordern**, verlangen; **vollenden**

ÜV bonae fidei esse	vertrauenswürdig sein
facillimum (*m. Dat.*) esse	(*für etw.*) sehr zugänglich sein

Tabelle der Verben

ā-Konjugation

Perfekt-Bildung mit -v-

vocō, vocāvī, vocātum, vocāre	rufen; nennen

In gleicher Weise werden die Stammformen der meisten Verben der ā-Konjugation gebildet.

Perfekt-Bildung durch Dehnung

iuvō, iūvī, iūtum, iuvāre (*m. Akk.*)	helfen, unterstützen; erfreuen

Perfekt-Bildung durch Reduplikation

dō, dedī, datum, dare	(von sich) geben; gestatten
circum|dō, circumdedī, circumdatum, circumdare	umgeben; umzingeln
stō, stetī, statum, stāre	(da)stehen
circum|stō, circumstetī, –, circumstāre	um . . . herum stehen
īn|stō, īnstitī, –, īnstāre	drohen, bevorstehen
prae|stō, praestitī, –, praestāre	(*m. Dat.*) übertreffen; (*m. Akk.*) leisten; zeigen
re|stō, restitī, –, restāre	übrig sein, übrig bleiben; überleben

ē-Konjugation

Perfekt-Bildung mit -v-

dēleō, dēlēvī, dēlētum, dēlēre	zerstören, vernichten
fleō, flēvī, flētum, flēre	weinen; beklagen
ex|pleō, explēvī, explētum, explēre	(aus-, an-, er)füllen; wiedergutmachen
com|pleō, complēvī, complētum, complēre	anfüllen; erfüllen; vollenden

Perfekt-Bildung mit -u-

arceō, arcuī, –, arcēre	abwehren, fernhalten
careō, caruī, –, carēre (*m. Abl.*)	frei sein (*von etw.*), (*etw.*) nicht haben
cēnseō, cēnsuī, cēnsum, cēnsēre	(ein)schätzen; der Ansicht sein; (*m. doppeltem Akk.*) halten für
doceō, docuī, doctum, docēre	unterrichten; lehren

doleō, doluī, –, dolēre	schmerzen; bedauern
exerceō, exercuī, –, exercēre	(aus)üben; ausbilden
flōreō, flōruī, –, flōrēre	blühen; hervorragend sein
habeō, habuī, habitum, habēre	haben; halten
ad | hibeō, adhibuī, adhibitum, adhibēre	anwenden; hinzuziehen
dēbeō, dēbuī, dēbitum, dēbēre	(*m. Inf.*) müssen; verdanken; schulden
praebeō, praebuī, praebitum, praebēre	(dar)reichen, gewähren
pro | hibeō, prohibuī, prohibitum, prohibēre	abhalten, hindern
horreō, horruī, –, horrēre (*m. Akk.*)	erschrecken (*vor*), schaudern
iaceō, iacuī, –, iacēre	(da)liegen
lateō, latuī, –, latēre	verborgen sein
mereō, meruī, meritum, merēre	verdienen
moneō, monuī, monitum, monēre	erinnern; mahnen, auffordern
noceō, nocuī, –, nocēre	schaden
pāreō, pāruī, –, pārēre	gehorchen; befolgen
ap | pāreō, appāruī, –, appārēre	erscheinen, sich zeigen; offensichtlich sein
pateō, patuī, –, patēre	offenstehen; klar sein; sich erstrecken
placeō, placuī, placitum, placēre	gefallen; Spaß machen
studeō, studuī, –, studēre (*m. Dat.*)	sich bemühen (*um*); wollen; sich bilden
taceō, tacuī, –, tacēre	schweigen, still sein
teneō, tenuī, –, tenēre	(zurück)halten; sich erinnern
abs | tineō, abstinuī, –, (sē) abstinēre	sich enthalten
con | tineō, continuī, –, (sē) continēre	halten, festhalten; enthalten; (sich aufhalten)
ob | tineō, obtinuī, –, obtinēre	erlangen; behaupten
re | tineō, retinuī, retentum, retinēre	behalten, festhalten, zurückhalten
sus | tineō, sustinuī, –, sustinēre	aushalten, ertragen
terreō, terruī, territum, terrēre	(*jmdn.*) erschrecken
per | terreō, perterruī, perterritum, perterrēre	einschüchtern; heftig erschrecken
timeō, timuī, –, timēre	(sich) fürchten, Angst haben (vor)
valeō, valuī, –, valēre	gesund sein; Einfluss haben

Unpersönliche Ausdrücke

appāret, appāruit, –, appārēre	es ist offensichtlich
decet, decuit, –, decēre (*m. Akk.*)	(etw.) ist angemessen (*für*), passt (*zu*); (etw.) schickt sich (*für*)

licet, licuit, –, licēre (*m. Dat.*)	es ist möglich; es ist erlaubt, (*jmd.*) darf
oportet, oportuit, –, oportēre	es ist nötig, es gehört sich; man darf

Perfekt-Bildung mit -s-

ārdeō, ārsī, –, ārdēre	(ver)brennen; entbrannt sein
augeō, auxī, auctum, augēre	vergrößern, vermehren
fulgeō, fulsī, –, fulgēre	glänzen, leuchten
iubeō, iussī, iussum, iubēre (*m. Akk.*)	(*jmdm.*) befehlen, (*jmdn.*) beauftragen
maneō, mānsī, –, manēre	bleiben; erwarten
rīdeō, rīsī, rīsum, rīdēre	lachen
ir|rīdeō, irrīsī, irrīsum, irrīdēre	verspotten
suādeō, suāsī, suāsum, suādēre	raten, zureden
per|suādeō, persuāsī, persuāsum, persuādēre (*m. Dat.*)	(*m. AcI*) (*jmdn.*) überzeugen; (*m.* ut *m. Konj.*) (*jmdn.*) überreden

Perfekt-Bildung durch Dehnung

caveō, cāvī, cautum, cavēre (*m. Akk.*)	sich hüten (*vor*); Acht geben (*auf*)
faveō, fāvī, fautum, favēre (*m. Dat.*)	gewogen sein; (*jmdn.*) begünstigen
moveō, mōvī, mōtum, movēre	bewegen; beeinflussen
com|moveō, commōvī, commōtum, commovēre	erregen; bewegen, veranlassen
per|moveō, permōvī, permōtum, permovēre	beunruhigen; veranlassen
sedeō, sēdī, sessum, sedēre	(da)sitzen
ob|sideō, obsēdī, obsessum, obsidēre	belagern; bedrängen
videō, vīdī, vīsum, vidēre	sehen

Perfekt-Bildung durch Reduplikation

(pendeō, pependī, –, pendēre	hängen)
im|pendeō, –, –, impendēre	hängen über; drohen
(spondeō, spopondī, spōnsum, spondēre	geloben)
re|spondeō, respondī, respōnsum, respondēre	antworten, entgegnen

ī-Konjugation (langvokalisch)

Perfekt-Bildung mit -v-

audiō, audīvī, audītum, audīre	(an-, er-, zu)hören
custōdiō, custōdīvī, custōdītum, custōdīre	bewachen
dormiō, dormīvī, –, dormīre	schlafen
fīniō, fīnīvī, fīnītum, fīnīre	(be)enden
mūniō, mūnīvī, mūnītum, mūnīre	befestigen
saeviō, –, saevītum, saevīre	wüten, toben
sciō, scīvī, scītum, scīre	wissen, verstehen
ne | sciō, nescīvī, –, nescīre	nicht wissen, nicht verstehen
servīo, –, –, servīre	Sklave sein, dienen

Perfekt-Bildung mit -u-

aperiō, aperuī, apertum, aperīre	öffnen; aufdecken

Perfekt-Bildung mit -s-

sentiō, sēnsī, sēnsum, sentīre	fühlen; merken; meinen
cōn | sentiō, cōnsēnsī, cōnsēnsum, cōnsentīre	übereinstimmen

Perfekt-Bildung durch Dehnung

veniō, vēnī, ventum, venīre	kommen
ad | veniō, advēnī, adventum, advenīre	ankommen
circum | veniō, circumvēnī, circumventum, circumvenīre	umzingeln, umringen
con | veniō, convēnī, conventum, convenīre	zusammenkommen; -passen; (*m. Akk.*) treffen
in | veniō, invēnī, inventum, invenīre	(er)finden
per | veniō, pervēnī, perventum, pervenīre	hinkommen, ankommen; (hin)gelangen

Perfekt-Bildung durch Reduplikation

com | periō, cómperī, compertum, comperīre	erfahren, in Erfahrung bringen
re | periō, répperī, repertum, reperīre	finden, wieder finden

Konsonantische Konjugation

Perfekt-Bildung mit -v-

arcessō, arcessīvī, arcessītum, arcessere	herbeirufen, holen
crēscō, crēvī, –, crēscere	wachsen, zunehmen
(nōscō, nōvī, nōtum, nōscere	kennen lernen)
cog|nōscō, cognōvī, cognitum, cognōscere	erfahren; erkennen; kennen lernen
īg|nōscō, īgnōvī, īgnōtum, īgnōscere	verzeihen
petō, petīvī, petītum, petere	bitten, verlangen; angreifen; aufsuchen; gehen/fahren nach
re|petō, repetīvī, repetītum, repetere	wiederholen; zurückverlangen
quaerō, quaesīvī, quaesītum, quaerere	suchen; erwerben; fragen
quiēscō, quiēvī, –, quiēscere	(aus)ruhen; schlafen
sinō, sīvī, situm, sinere	(zu)lassen, erlauben
dē|sinō, dēsiī, dēsitum, dēsinere	aufhören

Perfekt-Bildung mit -u-

alō, aluī, altum, alere	ernähren; großziehen
colō, coluī, cultum, colere	pflegen; verehren; bebauen
cōnsulō, cōnsuluī, cōnsultum, cōnsulere	(*m. Akk.*) um Rat fragen, befragen; (*m. Dat.*) sorgen für
gignō, genuī, genitum, gignere	(er)zeugen, hervorbringen
pōnō, posuī, positum, pōnere	setzen; stellen; legen
com|pōnō, composuī, compositum, compōnere	zusammenstellen, ordnen; verfassen; vergleichen
dē|pōnō, dēposuī, dēpositum, dēpōnere	niederlegen; aufgeben
ex|pōnō, exposuī, expositum, expōnere	ausstellen; aussetzen; darlegen
im|pōnō, imposuī, impositum, impōnere	setzen, stellen, legen (an, auf, in); bringen; auferlegen
prō|pōnō, prōposuī, prōpositum, prōpōnere	in Aussicht stellen; vorschlagen
(serō, seruī, sertum, serere	aneinanderreihen)
dē|serō, dēseruī, dēsertum, dēserere	im Stich lassen, verlassen
dis|serō, disseruī, dissertum, disserere	sprechen über, erörtern

Perfekt-Bildung mit -s-

cēdō, cessī, cessum, cēdere	(weg)gehen; nachgeben; überlassen
ac|cēdō, accessī, accessum, accēdere	herantreten; hingehen
con|cēdō, concessī, concessum, concēdere	erlauben, zugestehen, einräumen
dē|cēdō, dēcessī, dēcessum, dēcēdere	weggehen, gehen (aus)
dis|cēdō, discessī, discessum, discēdere	weggehen, verschwinden
ex|cēdō, excessī, excessum, excēdere	hinausgehen, weggehen
in|cēdō, incessī, incessum, incēdere	befallen; einhergehen
prō|cēdō, prōcessī, prōcessum, prōcēdere	vorrücken, vorankommen
suc|cēdō, successī, successum, succēdere	anrücken (gegen); (nach)folgen, nachrücken
claudō, clausī, clausum, claudere	(ab-, ein)schließen
in|clūdō, inclūsī, inclūsum, inclūdere	einschließen; versperren, unterbinden
dīcō, dīxī, dictum, dīcere	sagen; sprechen; nennen
dūcō, dūxī, ductum, dūcere	führen; ziehen; (*m. doppeltem Akk.*) halten für
ab|dūcō, abdūxī, abductum, abdūcere	wegführen; (weg)bringen; verschleppen
ad|dūcō, addūxī, adductum, addūcere	heranführen; veranlassen
dē|dūcō, dēdūxī, dēductum, dēdūcere	abbringen; wegführen; hinführen
in|dūcō, indūxī, inductum, indūcere	(hin)einführen; verleiten
re|dūcō, redūxī, reductum, redūcere	zurückführen; zurückbringen
fīgō, fīxī, fīxum, fīgere	(an)heften, befestigen; auf etw. richten
fingō, fīnxī, fictum, fingere	formen, gestalten; erdichten, sich ausdenken
fluō, flūxī, –, fluere	fließen, strömen
gerō, gessī, gestum, (sē) gerere	(aus)führen; tragen; (sich benehmen)
iungō, iūnxī, iūnctum, iungere	verbinden, vereinigen
ad|iungō, adiūnxī, adiūnctum, adiungere	anschließen; hinzufügen
con|iungō, coniūnxī, coniūnctum, coniungere	vereinigen, verbinden; (ver)knüpfen
in|iungō, iniūnxī, iniūnctum, iniungere	auferlegen; einfügen, anfügen
laedō, laesī, laesum, laedere	verletzen; kränken
dī|ligō, dīlēxī, dīlēctum, dīligere	schätzen, lieben
intel|legō, intellēxī, intellēctum, intellegere	verstehen; erkennen, einsehen
neg|legō, neglēxī, neglēctum, neglegere	nicht (be)achten; vernachlässigen
lūdō, lūsī, lūsum, lūdere	spielen, scherzen
mittō, mīsī, missum, mittere	schicken; gehen lassen; werfen
ā|mittō, āmīsī, āmissum, āmittere	verlieren

com|mittō, commīsī, commissum, committere	veranstalten; zustande bringen; anvertrauen
dī|mittō, dīmīsī, dīmissum, dīmittere	entlassen, wegschicken; freilassen
o|mittō, omīsī, omissum, omittere	außer Acht lassen; unterlassen, aufgeben
praeter|mittō, praetermīsī, praetermissum, praetermittere	verstreichen lassen
prō|mittō, prōmīsī, prōmissum, prōmittere	versprechen
re|mittō, remīsī, remissum, remittere	zurückschicken; los-, nachlassen; verzeihen
plaudō, plausī, plausum, plaudere	Beifall klatschen, applaudieren
premō, pressī, pressum, premere	(unter)drücken; bedrängen
op|primō, oppressī, oppressum, opprimere	unterdrücken; überfallen, überwältigen
regō, rēxī, rēctum, regere	(be)herrschen
per|gō, perrēxī, perrēctum, pergere	weitermachen, (*etw.*) weiter (*tun*)
por|rigō, porrēxī, porrēctum, porrigere	ausstrecken; ausbreiten, ausdehnen
su|rgō, surrēxī, surrēctum, surgere	aufstehen, sich erheben
scrībō, scrīpsī, scrīptum, scrībere	schreiben, verfassen
spargō, sparsī, sparsum, spargere	bespritzen; verbreiten
ex|stinguō, exstīnxī, exstīnctum, exstinguere	auslöschen, vernichten
stringō, strīnxī, strictum, stringere	ziehen; streifen
(struō, strūxī, strūctum, struere	schichten, bauen)
ex|struō, exstrūxī, exstrūctum, exstruere	errichten, erbauen
sūmō, sūmpsī, sūmptum, sūmere	nehmen
cōn|sūmō, cōnsūmpsī, cōnsūmptum, cōnsūmere	verbrauchen, verwenden; zubringen
tegō, tēxī, tēctum, tegere	bedecken, schützen
prō|tegō, prōtēxī, prōtēctum, prōtegere	schützen
con|temnō, contempsī, contemptum, contemnere	verachten
trahō, trāxī, tractum, trahere	ziehen; schleppen
(vādō, –, –, vādere	gehen, schreiten)
ē|vādō, ēvāsī, –, ēvādere (*m. Akk./ex*)	entkommen, entgehen
in|vādō, invāsī, invāsum, invādere	eindringen, angreifen
vehō, vēxī, vectum, vehere	fahren; tragen; ziehen
vīvō, vīxī, –, vīvere	leben

Perfekt-Bildung durch Dehnung

agō, ēgī, āctum, agere	tun; handeln; aufführen; (*m. Adv. und* cum) umgehen (*m. jmdm.*)
cō|gō, coēgī, coāctum, cōgere	sammeln; zwingen
ex|igō, exēgī, exāctum, exigere	(ein)fordern, verlangen; vollenden
cōnsīdō, cōnsēdī, –, cōnsīdere	sich setzen, sich niederlassen
emō, ēmī, ēmptum, emere	kaufen
frangō, frēgī, frāctum, frangere	(zer)brechen
fundō, fūdī, fūsum, fundere	(aus)gießen; befeuchten
legō, lēgī, lēctum, legere	lesen; sammeln; auswählen
relinquō, relīquī, relictum, relinquere	zurücklassen, verlassen
rumpō, rūpī, ruptum, rumpere	(zer)brechen
cor|rumpō, corrūpī, corruptum, corrumpere	bestechen; verderben
ē|rumpō, ērūpī, ēruptum, ērumpere	ausbrechen, hervorbrechen
inter|rumpō, interrūpī, interruptum, interrumpere	unterbrechen
vincō, vīcī, victum, vincere	(be)siegen; übertreffen

Perfekt-Bildung durch Reduplikation

cadō, cécidī, –, cadere	fallen, sinken
ác|cidit, áccidit, –, accidere	sich ereignen, zustoßen
óc|cidō, óccidī, –, occidere	untergehen; umkommen
caedō, cecīdī, caesum, caedere	niederschlagen; töten
oc|cīdō, occīdī, occīsum, occīdere	niederschlagen; töten
canō, cecinī, cantātum, canere	(be)singen
currō, cucurrī, cursum, currere	laufen; eilen
ac|currō, accurrī, accursum, accurrere	herbeilaufen, angelaufen kommen
con|currō, concurrī, concursum, concurrere	zusammenlaufen, zusammentreffen, zusammenstoßen
oc|currō, occurrī, occursum, occurrere	entgegenkommen, begegnen
(dō, dedī, datum, dare	[von sich] geben; gestatten)
ad|dō, addidī, additum, addere	hinzufügen
con|dō, condidī, conditum, condere	gründen; aufbewahren; bestatten
crēdō, crēdidī, crēditum, crēdere	glauben; (an)vertrauen
dē|dō, dēdidī, dēditum, dēdere	ausliefern, übergeben
ē|dō, ēdidī, ēditum, ēdere	verkünden; herausgeben

per|dō, perdidī, perditum, perdere	vernichten; verlieren
red|dō, reddidī, redditum, reddere	zurückgeben; machen zu
trā|dō, trādidī, trāditum, trādere	übergeben, überliefern
vendō, vendidī, venditum, vendere	verkaufen
discō, didicī, –, discere	lernen; in Erfahrung bringen
fallō, fefellī, –, fallere	täuschen, betrügen
parcō, pepercī, –, parcere (*m. Dat.*)	(*jmdn.*) schonen
pellō, pépulī, pulsum, pellere	schlagen, stoßen; vertreiben
ap|pellō, áppulī, appulsum, appellere	herantreiben, heranbringen; *Pass.* landen
im|pellō, ímpulī, impulsum, impellere	(an)stoßen; veranlassen
re|pellō, réppulī, repulsum, repellere	zurückstoßen; vertreiben; abweisen
poscō, poposcī, –, poscere	fordern, verlangen
(stō, stetī, statum, stāre	[da]stehen)
cōn|sistō, cōnstitī,–, cōnsistere	stehen bleiben; sich hinstellen; bestehen (aus)
re|sistō, restitī, –, resistere	Widerstand leisten
tangō, tétigī, tāctum, tangere	berühren, anrühren
con|tingō, cóntigī, contāctum, contingere	gelingen; berühren
tendō, tetendī, tentum, tendere	(aus)strecken; spannen; sich anstrengen
con|tendō, contendī, contentum, contendere	sich anstrengen, eilen; kämpfen; behaupten
os|tendō, ostendī, –, ostendere	zeigen
tollō, sustulī, sublātum, tollere	hochheben; aufheben, beseitigen; vernichten

Perfekt-Bildung ohne Veränderung

bibō, bibī, –, bibere	trinken
ac|cendō, accendī, accēnsum, accendere	in Brand setzen; entflammen, aufregen
in|cendō, incendī, incēnsum, incendere	anzünden; entflammen, in Aufregung versetzen
dē|fendō, dēfendī, dēfēnsum, dēfendere	verteidigen; abwehren
of|fendō, offendī, offēnsum, offendere	stoßen (auf); schlagen (an); beleidigen
metuō, metuī, –, metuere	sich fürchten; befürchten
minuō, minuī, minūtum, minuere	vermindern, verringern; schmälern
(prehendō, prehendī, prehēnsum, prehendere	ergreifen, fassen)

com | prehendō, comprehendī, comprehēnsum, comprehendere	ergreifen, festnehmen; begreifen
dē | prehendō, dēprehendī, dēprehēnsum, dēprehendere	entdecken; ergreifen; überraschen
ruō, ruī, –, ruere	(*auf jmdn.*) losstürzen, zustürmen
a | scendō, ascendī, ascēnsum, ascendere	hinaufsteigen, -klettern
dē | scendō, dēscendī, dēscēnsum, dēscendere	herabsteigen; hinuntergehen, herabkommen
solvō, solvī, solūtum, solvere	(auf)lösen; bezahlen
statuō, statuī, statūtum, statuere	beschließen, entscheiden; aufstellen; festsetzen
cōn | stituō, cōnstituī, cōnstitūtum, cōnstituere	beschließen; festsetzen
īn | stituō, īnstituī, īnstitūtum, īnstituere	beginnen; einrichten; unterrichten
re | stituō, restituī, restitūtum, restituere	wiederherstellen
tribuō, tribuī, tribūtum, tribuere	zuteilen; schenken; erweisen
vertō, vertī, versum, vertere	wenden; drehen; verwandeln
ā | vertō, āvertī, āversum, āvertere	abwenden; vertreiben
animad | vertō, animadvertī, animadversum, animadvertere	bemerken, entdecken;
(in *m. Akk.*)	vorgehen (*gegen jmdn.*)
volvō, volvī, volūtum, volvere	rollen, wälzen; überlegen

ĭ-Konjugation (kurzvokalisch)

Perfekt-Bildung mit -v-

cupiō, cupīvī, cupītum, cupere	wünschen, begehren, verlangen

Perfekt-Bildung mit -u-

rapiō, rapuī, raptum, rapere	(an sich, weg)reißen; rauben
cor | ripiō, corripuī, correptum, corripere	(an)packen; an sich reißen
ē | ripiō, ēripuī, ēreptum, ēripere	entreißen

Perfekt-Bildung mit -s-

a | spiciō, aspexī, aspectum, aspicere	anblicken, ansehen
cōn | spiciō, cōnspexī, cōnspectum, cōnspicere	erblicken
dē | spiciō, dēspexī, dēspectum, dēspicere	(*auf etw.*) herabblicken; verachten

īn | spiciō, īnspexī, īnspectum, īnspicere (*m. Akk.*)	hineinschauen (*in etw.*)
per | spiciō, perspexī, perspectum, perspicere	erkennen, genau sehen, durchschauen
re | spiciō, respexī, respectum, respicere	denken an, berücksichtigen

Perfekt-Bildung durch Dehnung

capiō, cēpī, captum, capere	(ein)nehmen, erobern; (er)fassen, (er)greifen
ac | cipiō, accēpī, acceptum, accipere	annehmen, empfangen; aufnehmen
dē | cipiō, dēcēpī, dēceptum, dēcipere	täuschen
ex | cipiō, excēpī, exceptum, excipere	aufnehmen, -fangen; eine Ausnahme machen
in | cipiō, coepī, coeptum/inceptum, incipere	anfangen, beginnen
re | cipiō, recēpī, receptum, (sē) recipere	aufnehmen; zurücknehmen; (sich zurückziehen)
sus | cipiō, suscēpī, susceptum, suscipere	unternehmen; sich (*einer Sache*) annehmen; auf sich nehmen
faciō, fēcī, factum, facere	machen
af | ficiō, affēcī, affectum, afficere (*m. Abl.*)	versehen (*m. etw.*)
cōn | ficiō, cōnfēcī, cōnfectum, cōnficere	beenden, erledigen
dē | ficiō, dēfēcī, dēfectum, dēficere	verlassen; ausgehen
ef | ficiō, effēcī, effectum, efficere	bewirken, erreichen
inter | ficiō, interfēcī, interfectum, interficere	töten
per | ficiō, perfēcī, perfectum, perficere	ausführen; vollenden
ef | fodiō, effōdī, effossum, effodere	ausstechen; ausgraben
fugiō, fūgī, –, fugere	fliehen
ef | fugiō, effūgī, –, effugere	entfliehen; vermeiden
pro | fugiō, profūgī, –, profugere	Zuflucht suchen, sich flüchten
(iaciō, iēcī, iactum, iacere	werfen)
prō | iciō, prōiēcī, prōiectum, prōicere	(nieder-, vor)werfen
trā | iciō, trāiēcī, trāiectum, trāicere	hinüberbringen, *über*setzen

Perfekt-Bildung durch Reduplikation

pariō, peperī, partum, parere	erwerben; gewinnen; hervorbringen

Tabelle der Deponentien und Semideponentien

Deponentien

ā-Konjugation

cōnor, cōnātus sum, cōnārī	versuchen

In gleicher Weise werden die Stammformen der anderen Deponentien der ā-Konjugation gebildet.

ē-Konjugation

fateor, fassus sum, fatērī	gestehen, bekennen
polliceor, pollicitus sum, pollicērī	versprechen
reor, ratus sum, rērī	meinen
vereor, veritus sum, verērī	fürchten; verehren
vidētur/videntur, –, – (*m. Inf.*)	er, sie, es scheint/sie scheinen (*etw. zu tun*)

ī-Konjugation (langvokalisch)

mōlior, mōlītus sum, mōlīrī	errichten, bauen; planen, unternehmen
orior, ortus sum, orīrī	entstehen; sich erheben
ex|perior, expertus sum, experīrī	erfahren; erleiden; versuchen, erproben
potior, potītus sum, potīrī (*m. Abl.*)	(*etw.*) in seine Gewalt bringen, sich (*einer Sache*) bemächtigen

Konsonantische Konjugation

pro|ficīscor, profectus sum, proficīscī	aufbrechen, (ab)reisen; abstammen
fruor, –, fruī (*m. Abl.*)	(*etw.*) genießen, sich (*an etw.*) erfreuen
īrāscor, –, īrāscī (*m. Dat.*)	zornig sein (*auf jmdn.*); in Zorn geraten
loquor, locūtus sum, loquī	reden, sprechen
com|plector, complexus sum, complectī	umarmen; umfassen, erfassen
sequor, secūtus sum, sequī (*m. Akk.*)	(*jmdm.*) folgen
cōn|sequor, cōnsecūtus sum, cōnsequī	erreichen; nachfolgen
per|sequor, persecūtus sum, persequī	verfolgen
ulcīscor, ultus sum, ulcīscī (*m. Akk.*)	(*etw./jmdn.*) rächen; sich rächen (*an jmdm.*)
ūtor, ūsus sum, ūtī (*m. Abl.*)	(*etw.*) benutzen, gebrauchen

ĭ-Konjugation (kurzvokalisch)

ag|gredior, aggressus sum, aggredī	(*an jmdn.*) herantreten; angreifen, überfallen
ē|gredior, ēgressus sum, ēgredī	hinausgehen, verlassen
trāns|gredior, trānsgressus sum, trānsgredī	hinübergehen; überschreiten
morior, mortuus sum, morī	sterben
patior, passus sum, patī	(er)leiden, ertragen; zulassen, geschehen lassen

Semideponentien

ē-Konjugation

audeō, ausus sum, audēre	wagen
gaudeō, gāvīsus sum, gaudēre	sich freuen
soleō, solitus sum, solēre	gewohnt sein, (*etw.*) normalerweise (*tun*), (*etw. zu tun*) pflegen

Konsonantische Konjugation

cōnfīdō, cōnfīsus sum, cōnfīdere	vertrauen
revertor, revertī, (reversus), revertī	zurückkehren

Sonderkonjugationen

sum, fuī, esse	sein
ab|sum, āfuī, abesse	abwesend sein, fehlen; entfernt sein
ad|sum, adfuī/affuī, adesse	anwesend sein, da sein; (*m. Dat.*) helfen
dē|sum, dēfuī, dēesse	fehlen
īn|sum, īnfuī, inesse	enthalten sein; vorhanden sein
inter|sum, interfuī, interesse (*m. Dat.*)	teilnehmen (*an etw.*)
prae|sum, praefuī, praeesse (*m. Dat.*)	an der Spitze (*von etw.*) stehen, (*etw.*) leiten
possum, potuī, –, posse	können
eō, iī, itum, īre	gehen
ab|eō, abiī, abitum, abīre	(weg)gehen
ad|eō, adiī, aditum, adīre	hingehen; herantreten; ansprechen
ex|eō, exiī, –, exīre	hinausgehen
in|eō, iniī, initum, inīre	(hin)eingehen; beginnen

inter|eō, interiī, –, interīre	zugrunde gehen, untergehen; (ver)schwinden
per|eō, periī, –, perīre	zugrunde gehen, umkommen
praeter|eō, praeteriī, praeteritum, praeterīre	vorbeigehen, vergehen
red|eō, rediī, reditum, redīre	zurückgehen, zurückkehren
sub|eō, subiī, subitum, subīre	auf sich nehmen, herangehen
trāns|eō, trānsiī, trānsitum, trānsīre	hinübergehen, herüberkommen; überschreiten
volō, voluī, –, velle	wollen
nōlō, nōluī, –, nōlle	nicht wollen
ferō, tulī, lātum, ferre	bringen, tragen; ertragen; berichten
af|ferō, attulī, allātum, afferre	(herbei)bringen; melden
cōn|ferō, contulī, collātum, (sē) cōnferre	zusammentragen, -bringen; -fassen; (sich begeben)
dif|ferō, distulī, dīlātum, differre	aufschieben, verschieben; sich unterscheiden
ef|ferō, extulī, ēlātum, efferre	heraustragen; herausheben; hervorbringen
īn|ferō, intulī, illātum, īnferre	hineintragen; hinzufügen
of|ferō, obtulī, oblātum, offerre	entgegenbringen; anbieten
per|ferō, pertulī, perlātum, perferre	ertragen; (über)bringen
re|ferō, rettulī, relātum, referre	(zurück)bringen; berichten
(tollō), sústulī, sublātum, (tollere)	hochheben; aufheben, beseitigen; vernichten
fīō, factus sum, fierī	geschehen, werden; gemacht werden

Ror Wolf
Punkt ist Punkt

Alte und neue Fußballspiele

Suhrkamp

suhrkamp taschenbuch 122
Erste Auflage 1973

Druck: Ebner, Ulm. Printed in Germany. Umschlag nach Entwürfen von Willy Fleckhaus und Rolf Staudt.